MUTUAL SUPPORT FOR
THE AGED

我国城市互助养老实践的案例研究

梁誉 史秀莲◎著

人民出版社

目　　录

序　一 …………………………………………………………… 1

序　二 …………………………………………………………… 3

绪　论 …………………………………………………………… 1

第一章　中国城市互助养老的发展历程与主流模式 ………… 31

　　第一节　中国城市互助养老的发展历程 ………………… 31

　　第二节　中国城市互助养老的主流模式 ………………… 41

第二章　南京养老服务时间银行的探索与实践 ……………… 46

　　第一节　南京养老服务时间银行的发展历程 …………… 46

　　第二节　南京养老服务时间银行的运行方式 …………… 48

　　第三节　南京养老服务时间银行的主要特点 …………… 54

　　第四节　南京养老服务时间银行的发展成效 …………… 60

　　第五节　南京养老服务时间银行的发展困境 …………… 65

　　第六节　南京养老服务时间银行的发展建议 …………… 67

第三章　无锡梁溪区志愿服务时间银行的探索与实践 ……… 73

　　第一节　梁溪区志愿服务时间银行的发展历程 ………… 73

　　第二节　梁溪区志愿服务时间银行的运行方式 ………… 75

　　第三节　梁溪区志愿服务时间银行的主要特点 ………… 84

第四节　梁溪区志愿服务时间银行的发展成效 …………… 94
　　第五节　梁溪区志愿服务时间银行的发展困境 …………… 97
　　第六节　梁溪区志愿服务时间银行的发展建议 …………… 100

第四章　青岛社区互助养老的探索与实践 ………… 105
　　第一节　青岛社区互助养老的发展历程 ……………… 105
　　第二节　青岛社区互助养老的运行方式 ……………… 108
　　第三节　青岛社区互助养老的主要特点 ……………… 112
　　第四节　青岛社区互助养老的发展成效 ……………… 117
　　第五节　青岛社区互助养老的发展困境 ……………… 120
　　第六节　青岛社区互助养老的发展建议 ……………… 123

第五章　西安"暖分助老"互助项目的探索与实践 ………… 128
　　第一节　西安"暖分助老"互助项目的发展历程 ………… 128
　　第二节　西安"暖分助老"互助项目的运行方式 ………… 131
　　第三节　西安"暖分助老"互助项目的主要特点 ………… 138
　　第四节　西安"暖分助老"互助项目的发展成效 ………… 145
　　第五节　西安"暖分助老"互助项目的发展困境 ………… 151
　　第六节　西安"暖分助老"互助项目的发展建议 ………… 153

参考文献 …………………………………………………… 159

附录一：中国时间银行互助养老模式发展研究报告 ………… 167

附录二：南京、无锡市梁溪区互助养老主要政策文件 ………… 190

后　记 ……………………………………………………… 203

序 一

《我国城市互助养老实践的案例研究》一书,是论述互助养老理念及其在我国城市地区应用的一部专著。所谓互助养老,主要是指老年人、邻里、志愿者、社会组织、公共部门、企事业单位等多主体基于互助和互惠理念共同参与服务供给并以互帮互助的形式达成养老资源及服务互换的社会养老模式。这是政府治理、社会调节、居民互助提供养老服务的一种有效形式,也是解决老年人养老困难的一种有效手段。

随着我国经济社会的持续快速发展,居民的收入水平、生活水平和健康水平不断提高,人均期望寿命逐年延长,人口老龄化的程度也在逐渐加重。党中央提出了积极应对人口老龄化的战略,要求探索发展多种形式的养老服务,推动实现全体老年人享有基本养老服务。在这种背景下,互助养老作为养老者之间互助合作、交换服务与资源的有效措施,成为社会关注的新热点。

自古以来,我国就有互助养老的传统,秦汉时期的"长寿单"、隋唐时期的给侍制度,以及宋代的义庄都体现了浓厚的互助养老理念。2012 年以来,我国的互助养老进入快速发展阶段。2017 年 2 月,国务院印发《"十三五"国家老龄事业发展和养老体系建设规划》,鼓励老年人参加社区邻里互助养老。2019 年 4 月,国务院办公厅发布《关于推进养老服务发展的意见》,提出积极探索互助养老服务。2023 年 5 月,中共中央办公厅、国务院办公厅印发《关于推进基本养老服务体系建设的意见》,明确了通过提供基本养老服务、发挥市场作用、引导社会互助共济等方式，帮助困难家庭分担供养、照料方面的负担的工作原则。与此同时，互助养老在实践层面也在北京、上海、南京、青岛、无锡、西安等地得到创新发展与良好探索。

为了全面论证互助养老的可行性，系统总结我国部分城市互助养老的经验与成效，本书作者用了一年多的时间，在各地进行了深入的调查研究，并从理论与实践、宏观与微观、政府与社会、社区与居民等多个维度进行了归纳与总结。本书呈现了我国城市互助养老的时代背景，回顾了互助养老的研究与发展脉络，介绍了互助养老的理论依据。尤其是本书以志愿互助、时间银行、积分互助三种城市互助养老主流模式为聚焦，重点介绍了南京、无锡、青岛、西安等地互助养老的实践案例，从发展历程、运行方式、主要特点、具体成效、存在问题、改进建议等几个方面，进行了全面深入的论证与解析，为互助养老在城市地区的发展，提供了理论基础与实践支撑。

希望广大读者通过阅读本书，理解并支持我国互助养老的应用发展，推进互助养老制度建设，积极参加社会志愿服务，为构建社会主义和谐社会，作出积极的贡献。

在本书即将付梓之际，送上寥寥数语，是为序。

2024 年初春

序 二

面对全球人口老龄化的加速发展,2002年联合国在第二次老龄问题世界大会上颁布的《政治宣言》中提出"积极老龄化",推动形成积极老龄观的全球共识。2020年党的十九届五中全会通过的《中共中央关于制定国民经济和社会发展第十四个五年规划和二〇三五年远景目标的建议》,明确提出"实施积极应对人口老龄化国家战略"。在此背景下,聚焦现代互助养老,研究如何充分发挥老年人的自主性以及社会力量的积极性,实现从被动需要到主动应对,从个体责任到共同参与理念的转变,对于转变养老服务的供给思路,特别是构建中国特色的养老保障体系具有十分重要的现实意义和理论价值。

互助养老作为一种养老服务的社会化交换机制,鼓励全社会加入养老服务的生产与递送。老年人之间以及老年人与其他人群之间在互帮互助的同时获得有参与、有尊重、有质量的照顾,能够传递社会的温度。其所秉持的互利、互惠的价值理念还可以强化社会信任、促进社会融合。在这个意义上,互助养老无疑是最具积极意义,最显人文价值的社会养老服务模式之一,也为提高广大老年人服务的获得感和满足感开辟了一条新路。

我国自古以来就有"出入相友,守望相助,疾病相扶持""兼相爱、交相利"的思想,同时还产生了《吕氏乡约》、慈悲院、义田、义庄等社会实践,这些都显示出我国历史中具有浓厚的互助文化。新中国成立之后,互助养老的传统得到了很好的继承与发展。尤其是2000年以来,以"社区互助养老中心""老年互助社""老伙伴"计划等社区为载体的现代型社区互助养老服务开始在青岛、北京、上海等城市出现与发展,以"时间银行""互助积分"为代表的新型互助养老模式也在许多地区得以探索与实践。在各级政府的大力支持,在社会各界的广泛参与下,我国的互助养老正朝向多样化和制度化的方向发展。

与互助养老实践遍地开花相对的是,我国对于互助养老的研究才刚刚起步,目前相关研究成果还相对较少。《我国城市互助养老实践的案例研究》一书的推出可以说恰逢其时。本书作者梁誉副教授是江苏省老年学学会青年委员会主任委员,史秀莲会长是中国老龄事业发展基金会时间银行基金管理委员会主任委员。两位作者长期以来聚焦于养老服务的理论与政策研究,围绕互助养老各地实践开展了诸多深入的调查与探究,承担了多项互助养老相关课题研究,积极参与各级政府的决策咨询服务工作。本书是两位作者近年来开展这一领域研究的一项探索性成果。该书主要从理论与实证两个层面、宏观与微观双重视角对我国城市地区互助养老的探索与实践进行了较为系统的探究。通过收集大量的一手数据和资料,重点剖析了南京养老服务时间银行、无锡梁溪志愿服务时间银行、青岛社区互助养老、西安"暖分助老"互助项目的发展历程、运行方式、主要特点、存在问题,并提出了有针对性、可操作性的对策建议。

总体而言,这是一本兼具理论性、工具性、实用性的力作。尤其是当前我国互助养老制度处于定型优化发展的关键时期,《我国城市互助养老实践的案例研究》一书的出版将为我国互助养老领域的研究者、实践者提供重要的研究支撑和决策参考。

最后在本书即将付梓之际,我期待《我国城市互助养老实践的案例研究》能够引起更多的学者对互助养老的关注,一起带动互助养老的理论和政策研究走向深入。

林闽钢

2024 年 4 月于南京大学

绪　　论

伴随着人口老龄化的快速发展,实现养老服务资源的有效配置,应对不断提升且日趋多样的养老服务需求,已成为我国面临的一项重大民生议题。习近平总书记指出:"满足数量庞大的老年群众多方面需求、妥善解决人口老龄化带来的社会问题,事关国家发展全局,事关百姓福祉,需要我们下大气力来应对。"[①]而互助养老作为家庭养老和社会养老重要的补充[②],其所秉持的互助互惠、共建共享的价值理念,在满足老年人多样化需求,链接各类社会养老资源,提升老年人获得感和幸福感的作用正愈发显现[③]。特别是,近年来志愿互助、时间银行、积分互助等理念与模式在城市地区的快速兴起与广泛引入,为我国互助养老提供了新的供给方案和改革方向。由此,加大城市互助养老的探索,促进我国互助养老制度的快速发展,对于我国社会养老服务体系的完善具有十分重要的理论价值与现实意义。

一、中国城市互助养老发展的时代背景

(一) 人口老龄化使得养老服务需求增加

自1999年我国进入老龄化社会之后,随着时间的推移我国老龄化程度仍

[①] 《深入学习习近平关于民政工作的重要论述》,人民出版社2023年版,第57页。
[②] 贺雪峰:《互助养老:中国农村养老的出路》,《南京农业大学学报(社会科学版)》2020年第5期。
[③] 互助养老是一种通过老年群体之间、代际群体之间开展互助互惠满足老年人的基本养老服务需求的养老服务供给方式,在我国拥有悠久的实践与发展历史。

然在不断加深。根据民政部数据显示,截至2022年底,我国60周岁及以上老年人超过2.8亿人,占全国总人口19.8%,其中65周岁及以上老年人达2.1亿人,占全国总人口14.9%,标志着我国已经进入中度老龄化社会。尤其是,2008年到2022年60岁及以上人口占总人口的比例从12%增加到19.8%,65岁及以上的人口占总人口的比例从8.3%上升到14.9%(如表0-1所示),老年抚养比从12.7%提高到21.8%(如图0-1所示),我国的老龄人口的比重越来越大,并呈现出快速增加的趋势[1]。在对我国老龄化的长期发展趋势预测中显示,21世纪中叶之前中国老年人口的数量以及比例将会不断增加,在2035年前老年人口总体规模将会突破4亿人,65岁及以上的老年人口数量将达到3亿人[2]。由此看来,我国未来老龄化程度将会进一步加深。

表0-1 我国老年人口发展情况(2006—2022年)

年份	60岁及以上人口 人数(万人)	60岁及以上人口 占比(%)	65岁及以上人口 人数(万人)	65岁及以上人口 占比(%)
2006	14901	11.3	10419	7.9
2007	15340	11.6	10636	8.1
2008	15989	12.0	10956	8.3
2009	16714	12.5	11309	8.5
2010	17765	13.3	11883	8.9
2011	18499	13.7	12288	9.1
2012	19390	14.3	12714	9.4
2013	20243	14.9	13161	9.7
2014	21242	15.5	13755	10.1
2015	22200	16.1	14386	10.5

---

[1] 国家统计局:2023年5月20日,https://data.stats.gov.cn/easyquery.htm?cn=C01。
[2] 杜鹏、李龙:《新时代中国人口老龄化长期趋势预测》,《中国人民大学学报》2021年第1期。

续表

年份	60岁及以上人口		65岁及以上人口	
	人数(万人)	占比(%)	人数(万人)	占比(%)
2016	23086	16.7	15003	10.8
2017	24090	17.3	15831	11.4
2018	24949	17.9	16658	11.9
2019	25388	18.1	17603	12.6
2020	26402	18.7	19064	13.5
2021	26736	18.9	20056	14.2
2022	28004	19.8	20978	14.9

资料来源:根据历年《民政事业发展统计公报》数据整理所得。

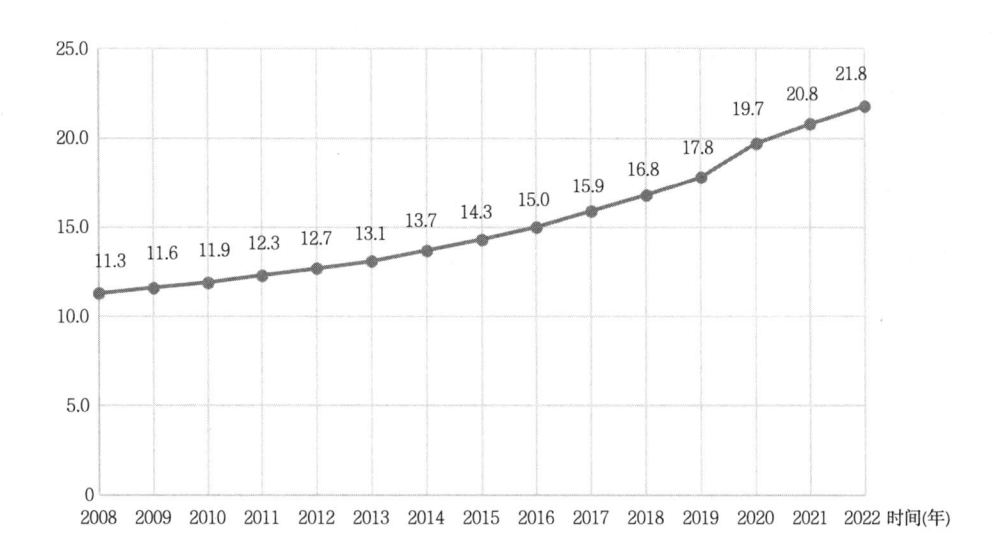

图0-1 我国老年抚养比(%)的发展情况(2008—2022年)

资料来源:根据国家统计局数据整理所得。

此外,根据第五、六、七次的全国人口普查数据显示,我国80岁及以上的人口数量分别约为1199万、2099万、3580万,占总人口比重从1%上升到2.5%,这说明我国老龄化呈现出高龄化的发展特征,且高龄化程度重于世界总体水平①。另据老龄委发布的第四次中国城乡老年人生活状况抽样调查数据,我国失能和半失能的老年人总数达到了4063万,并且有学者预测失能老人数量将会随着老龄化程度的加深进一步增加,在2054年将达到4300万人,其中生活完全不能自理的也会有1600万人左右②。由于老年人处于整个生命周期的后端,身体机能的退化或早或晚会使其难以维持自身的正常生活,自身价值的丧失也会带来诸多的心理难题,以至于需要生活照料、医疗护理、心理慰藉等服务进行保障。因此,日益加深的人口老龄化会带来庞大的养老服务需求,尤其是对于高龄、失能(失智)、空巢老人而言,需求更为强烈,如何满足不断增长的养老服务需求便成为我国社会养老服务体系完善迫切需要解决的问题。

(二) 现有养老模式无法满足服务的需求

目前我国已形成家庭养老、社区居家养老、机构养老等多种养老模式。家庭养老作为我国传统的养老模式,子女长期以来承担着主要的养老责任。但是由于多种因素影响,近年来我国的人口出生率逐渐降低,家庭规模呈现出核心化、小型化的趋势,"4-2-1""4-2-2"家庭结构即一对成年夫妻可能需要赡养4个老年人抚养一个或两个孩子正在成为城市社会主要家庭模式。现代家庭结构的转变加速了传统的家庭养老功能的弱化,不断增长的养老服务需求无法在家庭内得到满足,因而出现了养老服务的需求"外溢"。机构养老、社区居家养老等社会化养老模式随之产生,并逐渐成为重要的社会养老资源,在补充家庭养老能力不足上持续发挥重要作用。

然而目前的社会化养老模式也存在一些不足。根据《2021年民政事业发展统计公报》数据显示,截至2021年底,全国共有各类养老机构和设施35.8

---

① 刘厚莲:《世界和中国人口老龄化发展态势》,《老龄科学研究》2021年第12期。
② 景跃军、李涵、李元:《我国失能老人数量及其结构的定量预测分析》,《人口学刊》2017年第6期。

万个,养老床位合计815.9万张,养老服务供给量虽连年提升,但依旧不足以匹配庞大的老年人口数量,养老服务供需之间仍存在较大的缺口。此外,养老机构前期投入较多,且成本回收时间较长,经营风险较大,因而机构养老的费用往往较高①,导致老年人即使有服务需求却消费不起,潜在需求无法有效转换为有效需求的问题比较突出。而且,在传统习惯影响下,老年人还是更愿意在家庭中进行养老、接受服务。考虑到老年人的养老意愿,社区居家养老被视为社会化养老最主要的方式。但就目前我国社区居家服务的供给水平而言,社区居家服务的覆盖范围往往比较狭小,服务供给数量不足,无法充分满足老年群体的居家养老需求。② 在供不应求之外,社区居家养老模式中还存在服务利用率低和供需匹配错位等问题③。综上,现有的养老模式无法针对老年人的服务需求提供充足和精准的服务,而互助养老模式能够将闲置的人力资源最大限度地调动起来,增加了大量的公益性与志愿性养老服务供给,实现供需精确匹配,减少了资源的浪费和无效利用,从而弥补了家庭养老、机构养老、社区居家养老的不足,具备强大的发展潜力。

(三) 老年人力资源的重要程度不断提升

人力资源指的是一切具有参与社会性活动能力的人口,既包括法定年龄内的劳动人口,也包括非法定年龄内但是仍然具有一定生产竞争能力的人④。因而老年群体内也含相应的人力资源,尤其是那些身体健康状况良好的部分群体完全有足够的能力进行再参与,重新投入社会生产。老年群体并不是只能被动接受服务,也能成为服务供给者。

---

① 赵娜、方卫华:《人口老龄化、养老服务需求与机构养老取向》,《重庆社会科学》2016年第5期。
② 王琼:《城市社区居家养老服务需求及其影响因素——基于全国性的城市老年人口调查数据》,《人口研究》2016年第1期。
③ 丁志宏、曲嘉瑶:《中国社区居家养老服务均等化研究——基于有照料需求老年人的分析》,《人口学刊》2019年第2期。
④ 郑之良:《可持续发展背景下我国老年人力资源开发研究》,《人口与经济》2010年第S1期。

随着社会的发展,老年人力资源只存在于少数人身上的刻板印象已转变为大多数的老年人应该都具有待开发的人力资源广泛共识。1958年的《关于安排一部分老干部担任各种荣誉职务的决定》、1983年的《关于高级专家离休退休若干问题的暂行规定》(国发〔1983〕141号)和1987年的《关于离退休高级专业技术人员回聘的有关规定》等众多文件首先聚焦于高级知识分子、高级技术人员等精英群体,相对忽视了普通的老年群体。随后,1994年《中国老龄工作七年发展纲要(1994—2000)》、1996年《中华人民共和国老年人权益保障法》以及2006年《中国老龄事业"十一五"规划(2006—2010)》等法律政策文件进一步地将全体老年人纳入范围,强调老年群体的生产能力,要求充分促进我国老年人力资源的开发利用。在人口老龄化程度逐渐加深的背景下,老年人力资源的重要性被进一步重视。2016年《老年教育发展规划(2016—2020)》(国办发〔2016〕74号)提出,要积极开发老年人力资源,建立老年教育新格局。2020年《中共中央关于制定国民经济和社会发展第十四个五年规划和二〇三五年远景目标的建议》中也提出老年人力资源的开发利用重要性。在2021年《中共中央 国务院关于加强新时代老龄工作的意见》中强调为有效应对我国老龄化,要积极促进老年人的社会参与,鼓励老年继续发挥作用,构建老年友好社会。互助养老秉承互助、互惠、互利的核心价值,鼓励社会成员尤其是低龄老人参与社会养老服务的生产,帮助具有需求的老年人,这与我国重视老年人力资源开发利用的方略相应和。

(四)志愿服务在新时期迎来发展机遇

我国志愿服务事业发展较晚,但是志愿服务体现出的互帮互助精神自古以来就是中华民族一直提倡并予以践行的处世规范。新中国成立之后,我国志愿服务事业在政府推动和社会热烈响应中获得了新的发展。1963年毛主席向全国人民发出了"向雷锋同志学习"的号召,引起了强烈的社会反响,为我国志愿服务事业打下了基础。1989年天津市和平区新兴街道诞生了全国第一个社区志愿服务团体,1993年共青团中央决定实施中国青年志愿者行

绪 论

动,并在1994年成立了中国青年志愿者协会。1996年《国民经济和社会发展"九五"计划和2010年远景目标纲要》中提出社会志愿者活动是建设精神文明的重要构成部分,明确提出要大力提倡社会志愿者活动和社会互助活动。进入21世纪以来,我国的志愿服务事业又得到了进一步发展。

2008年的汶川大地震以及北京奥运会的举办更是在抗震救灾和奥运筹办的过程中点燃了全民的志愿精神,我国志愿服务事业的逐渐兴起。2014年中央文明委印发了《关于推进志愿服务制度化的意见》,指出开展志愿服务是创新社会治理的有效方式,是加强新形势下精神文明建设的有力抓手,推进志愿服务制度化,有助于推动志愿服务可持续健康发展和践行社会主义核心价值观。2017年《志愿服务条例》正式施行,为志愿服务的发展提供了法律保障。这一系列文件的颁布强调了志愿服务事业在我国建立、发展的重要性,有助于我国志愿服务事业制度化、规范化发展,营造了浓厚的全民参与志愿服务氛围。而互助养老作为志愿服务事业的重要内容,遵循我国志愿服务的相关法规要求,也受到志愿服务相关条例规则与政策的保护,这就为互助养老模式的提供了发展契机与有力保障。

二、中国城市互助养老的理论基础

(一) 社会交换理论

社会交换的理念最早出现在亚当·斯密(Adam Smith)的思想当中,他提出交换倾向是人类天然的本性,交换进行的基础在于"利己"人性,互惠是交换的条件[1]。以斯密为代表的古典政治经济学家们坚持理性人的假设,期望以最小成本获得最大利益,也体现出对交换思想的认同。随着人类学和社会学的发展,学术界对交换这一社会行为也进行了探讨,在人类学领域中詹姆斯·乔治·弗雷泽(James George Frazer)最早阐述了社会交换,用交换的思路

---

[1] [英]亚当·斯密:《道德情操论》,蒋自强等译,商务印书馆1997年版,第101—106页。

研究解释亲属关系和婚姻关系行为①。行为主义心理学也对社会交换理论产生了深刻影响,尤其是伯尔赫斯·弗雷德里克·斯金纳(Burrhus Frederick Skinner)的思想,他认为人类意识无法被直接观察,需要通过生理性中介,他试图建立起一种刺激反应的函数关系,在一定程度上体现了交换的思想。

乔治·卡斯伯·霍曼斯(George Caspar Homans)在吸收了古典政治经济学、人类学以及行为心理学等交换思想的基础上提出了现代社会交换理论。他强调人类的一切行为本质上都是交换行为,人们为了满足自身的利益进行交换,因而追求的是交换的公平性,即付出可以得到同等的回报②。但是霍斯曼的理论存在诸多不足,如交换行为的绝对化、交换动机的唯一化等。在结合了众多学者对霍斯曼的理论的批判后,彼得·迈克尔·布劳(Peter Michael Blau)提出了修正的社会交换理论,强调交换行为只是人类行为的重要部分而非全部,承认交换动机在利己之外还可能出于责任、利他主义等。社会交往的前提条件是存在社会吸引,人们因为某种目标或需要进行社会交往。社会交换的结果是得到等值回报,包括如金钱、帮助等外在性的报酬,或者是如感激、愉悦、幸福感等内在性报酬,即遵循互惠原则。并且,信任的建立是使得社会交换这一过程得以可持续的重中之重。布劳还提出,与经济交换不同,社会交换存在不平等交换,但是共同的价值标准是交换发生的前提③。此后,玛格丽特·克拉克(Margaret S. Clark)等学者对其进行了理论扩展与应用发展,更关注了社会交换关系的发展,认为社会交换是解释家庭关系、友谊和爱等长期亲密关系的理论规范,并且与适用于熟人或者业务来往的规范不同④。社会交

---

① Frazer, Sir James G., "*Folklore in the Old Testament: Studies in Comparative Religion, Legend, and Law*", Random House Value Publishing, 1988, pp. 71–163.

② Homans, G. C., "Social behavior as exchange", *American Journal of Sociology*, Vol. 63, No. 6, pp. 604–606.

③ Blau, P. M., "*Exchange and Power in Social Life*", New Brunswick, NJ: Transaction, 1986, pp. 88–115.

④ Clark, M. S., Pataki, S. P., "*Interpersonal Processes Influencing Attraction and Relationships*", in *Advances in Social Psychology*, A. Tesser (Eds.), Boston: McGraw Hil, 1995, pp.283–331.

换原则也得到丰富完善,在互惠原则之外的理性、利他、集体利益等原则也被详细阐述①。社会交换理论得到了进一步的深化研究。

社会交换理论对社会交换这一行为进行了理论阐释,强调交换是双向的行为,付出要以回报为结果,且不同于经济交换。社会交换的回报也不仅限于金钱的报酬,还涉及服务、情感愉悦、自身价值实现等非物质方面。社会交换理论还提出了信任的重要性,认为人不是单独存在的,有助于重新构筑起社会关系网络,建设和谐社区以及和谐社会。由此,社会交换理论解释了互助养老的内在运行逻辑,为互助养老提供了理论基础。互助养老的本质是服务的交换,即社会交换行为的具体表现。互助养老表现出服务具有同等的价值,因而其参与者持有共同的价值标准。互助养老遵循互惠原则,即付出的服务劳动会在未来得到对等偿还。在服务的交换中,基于交换并不局限双方,而是广义互惠的原则②,参与者之间建立彼此信任。

(二) 共同生产理论

20世纪70年代,埃莉诺·奥斯特罗姆(Elinor Ostrom)团队在对社会安全和社会治安的研究中发现,公民积极报警或者提供证据等行为会对警察的工作产生积极影响,降低受害率。因此,当公民采取积极行动,即是对公民警察的生产活动进行了补充,换言之,公民可以通过某些贡献成为警察或者其他服务的共同生产者③。"共同生产"(Co-production)的概念由此产生。共同生产被认定为规制生产者(Regular producer)和消费者生产者(Consumer producer)都进行旨在生产相同商品或服务的转换的活动,既包括公共机构与公民消费者的直接合作,也包括很少或不涉及直接合作的活动,其中常规生产者主要指

---

① Meeker, B. E., "Decisions and exchange", *American Sociological Review*, Vol. 36, No. 3, pp.485-495.

② Whitham, M. M., Clarke, H., "Getting is Giving: Time Banking as Formalized Generalized Exchange", *Sociology Compass*, Vol. 10, No. 1, pp.89-91.

③ Ostrom, E., Parks, R. B. (eds), "The Public Service Production Process: A Framework for Analyzing Police Services", *Policy Studies Journal*, Vol. 7, No. 1, pp.381-383.

的是公共机构①。这一定义较为宽泛,随后有学者在此基础上进行了更为详细的界定。戈登·惠特克(Gordon P. Whitaker)将三种公民与服务机构的互动定义为共同生产,即请求援助的公民、向公共机构提供援助的公民,以及公民和代理人互动以调整彼此的服务期望和行动②。而理查德·里奇(Richard C. Rich)认为消费者和服务机构人员的共同生产会决定可用服务的质量和数量,还区分了积极的和消极的共同生产行为,积极行动是加强服务提供,消极行动是削弱服务的行为③。进入21世纪之后,共同生产被进一步定义为公共服务使用者在服务设计、管理、提供和评价中志愿性或非志愿性地参与④,将共同生产扩展到了设计、管理等更多的环节。虽然定义不同,但是其核心思想并没有发生改变,即公民不仅只是消费产品,同时也是服务生产和供给过程的重要主体,强调公民这一主体的生产作用。

共同生产的结果是否有效会受到以下三个条件的制约,一是技术可行性,技术决定了是否有生产功能,其中常规生产者和消费者生产者都对产出作出了贡献,值得注意的是技术可行性虽是一个弱约束,但是对确定经济相关性是非常重要的;二是经济相关性,指在生产受约束的前提下,常规生产者和消费者生产者的共同投入服务生产的行为是否存在经济效益;三是制度考虑,这决定了共同生产在技术上可行和经济上有效的情况下是否允许适当的混合,以及在混合效率低下的情况下是否鼓励不混合⑤。

---

① Ostrom, E., "Citizen Participation and Policing: What Do We Know?", *Nonprofit & Voluntary Sector Quarterly*, Vol. 7, No. 1, pp.105-107.

② Whitaker, G. P., "Coproduction: Citizen Participation in Service Delivery", *Public Administration Review*, Vol. 40, No. 5/6, pp. 240-246.

③ Rich, R. C., "Interaction of Voluntary and Governmental Sectors: Toward an Understanding of the Coproduction of Municipal Service", *Administration and Society*, Vol. 13, No. 5, pp.61-63.

④ Osborne, S. P., Radnor, Z., Strokosch, K., "Co-Production and the Cocreation of Value in Public Services: A Suitable Case for Treatment", *Public Management Review*, Vol. 18, No. 5, pp.639-653.

⑤ Parks, R. B., Oakerson, R., Ostrom, E., et al., "Consumers as Coproductions of Public Services: Some Economic and Institutional Consideration", *Policy Studies Journal*, Vol. 9, No. 7, pp.951-1115.

绪 论

公民作为共同生产者参与社会治理,将会在诸多方面产生良性影响。首先,公民参与共同生产是有效力的,公民进行共同生产是服务生产的必要组成部分,比如社会治安需要公民在预防、侦查、起诉犯罪等方面提供帮助。其次,公民参与共同生产是高效的,公民可以承担服务供给的责任,但是无法取代常规生产者的职责,强调公民与其他主体共同行动。除此之外,共同生产有助于增强政府部门对社会需求和关切的响应性[①]。共同生产理论重新定位了公民的角色,在消费者角色之外,将公民作为生产和服务供给的重要主体进行考虑。在此基础上,有学者提出参与共同生产的公民只有服务的使用者,而非所有的公民,且共同生产聚焦于公民的自我服务、相互服务,而非一般意义上纯粹利他的志愿服务[②]。

共同生产理论与互助养老理念相契合,互助养老鼓励社会成员参与养老服务的供给,在享受他人所提供的服务之前要先承担服务供给的责任,与其他志愿组织、市场、政府等主体进行共同生产。互助养老的效率也会受到技术、经济以及规章制度等方面的影响,需要资源成本投入,而非单单提供免费的服务。除此之外,互助养老对人力资源开发利用、社会服务供给不足、社会排斥等问题进行了积极回应,产生了明显的正效应。由此可见,互助养老构成了共同生产理论的实践体现,而共同生产理论也为互助养老的建构提供了理论基石。

(三) 福利多元主义理论

20世纪70年代的经济危机导致了福利国家危机的出现,庞大的福利开支造成福利国家不堪重负,福利多元主义理论作为一种新的应对福利国家发展路径的理论范式被提出。

[①] Percy, S. L., "Citizen Coproduction: Prospects for Improving Service Delivery", *Journal of Urban Affairs*, Vol. 5, No. 3, pp.203-210.

[②] 张云翔:《公共服务的共同生产:文献综述及其启示》,《甘肃行政学院学报》2018年第5期。

我国城市互助养老实践的案例研究

福利多元主义概念最早提出于1978年的《沃尔芬德的志愿组织的未来报告》（The Future of Voluntary Organizations）。此报告指出，志愿组织也应该被纳入社会福利的提供者行列。此后，理查德·罗斯（Richard Rose）对福利多元主义概念进行了较为详细阐述，提出了"福利三分法"的理念。罗斯指出政府不是福利的唯一提供者，只是在福利供给中承担着重要的角色，福利实际上是全社会的产物，除了政府，市场、雇员、家庭也应该承担福利供给责任[1]。阿德尔伯特·伊瓦斯（Adalbert Evers）在福利三分法的基础上提出了"福利三角"的研究范式，进一步从组织属性、运行价值和互动关系三个维度对福利供给主体进行论述[2]。之后，在福利三分法的基础上，"福利四分法"也被提出。诺曼·约翰逊（Norman Johnson）认为在家庭、市场以及政府三个供给主体之外还存在第四个供给者，即志愿组织[3]。不同于约翰逊，尼尔·吉尔伯特（Neil Gilbert）也从四分法的角度出发，认为供给主体应该是政府、市场、志愿组织和非正式组织四个，并且四者之间存在互动关系[4]。除了以上划分方法，罗伯特·平克（Robert Pinker）还提出"福利五分法"的主张，认为福利供给主体应当是公共部门、非正式部门、私人部门、志愿部门和互助部门[5]。

依据福利多元主义理论的发展，无论是"三分法""四分法"还是"五分法"，福利供给多元的核心是不变的，即政府不是福利的垄断者，市场、家庭、非正式部门以及志愿组织等其他主体也是福利供给的重要来源。多元化的供给主体，不仅可以缓解政府压力，还可以依据自身优势满足不同的福利需求，

---

[1] 徐进：《一个简明述评：福利多元主义与社会保障社会化》，《西南石油大学学报（社会科学版）》2019年第3期。

[2] Everse, A., "Shifts in the Welfare Mix: Introducing a New Approach for the Study of Transformations in Welfare and Social Policy", Vienna: Eurosocial, 1988, pp.7-30.

[3] Johnson, N., "Mixed Economies of Welfare: A Comparative Perspective", New York: Prentice Hal, 1999, pp.20-23.

[4] ［美］Neil Gilbert、Paul Terrell：《社会福利政策引论》，沈黎译，华东理工大学出版社2013年版，第76—78页。

[5] Pinker, R., "Making Sense of the Mixed Economy of Welfare", Social Policy and Administration, Vol. 26, No. 4, p. 273-284.

绪　论

实现社会资源的充分利用。尤其是,志愿力量作为重要的福利供给力量,相比于政府与市场等其他主体能更好地识别福利需求以及提供适宜的服务。志愿力量与政府、市场、家庭等其他主体构成多边稳定的福利供给结构,有助于在市场失灵和政府失灵时提供支持。

依托志愿者、志愿组织等志愿力量而运行的互助养老为养老服务的供给增添了新的来源。互助养老通过汇集社会各界的志愿力量提供服务,有利于减少社会资源的闲置和浪费,进一步促进各类资源的充分开发和利用。此外,互助养老还通过服务进行交换,而非金钱货币,不存在市场经济关系,有利于构建和谐的社会关系与网络。因而,互助养老作为新兴的一种志愿性养老服务的供给模式,能够很好地满足各方面的服务需求,并与其他的服务供给主体形成了良好的互补关系,成为福利多元主义现实运行的一个具体缩影。

（四）需求层次理论

需求层次理论是由美国社会心理学家、人本主义心理学的主要发起人亚伯拉罕·马斯洛(Abraham Harold Maslow)在1943年发表的《人的动机理论》(*The Theory of Human Motivation*)一文中首次提出。该理论认为人存在五种需求,从低级到高级,分别划分为生理需求、安全需求、社会需求、尊重需求和自我实现的需求。其中,生理需求是人类维持生存的最基本的要求,包括衣、食、住、行等方面,只有满足了这些需求,人类才能得以生存。安全需求指的是人对于自身安全保障的需求,不仅期望获得生命安全保障,还寻求职业安全、财产安全、生活家庭稳定、免于灾难等各种安全需求。社会需求主要包括情感和归属两方面需求,即人们都渴望得到来自亲人、朋友、同事等他人的呵护与关爱,是对友情、亲情、爱情等美好情感的向往,而归属指的是人们都希望成为群体中的一员,而不是成为孤独的个体。尊重需求指的是个人的能力和成就能够得到社会的承认,主要包括自尊和尊重他人,以及被他人所尊重。自我实现的需求是最高层次需求,指的是最大限度发挥自己的能力,完成自己能够完成的一切事情,从而实现个人的理想和抱负①。

马斯洛认为这五种需求按照重要性和层次性进行排序,像阶梯一样,从基本的到最高层次的自我实现的需求。当某一层次的需求被满足,就会向更高一级需求发展,但获得满足的需求就不再成为激励力量。由于生理需求和安全需求主要依靠物质经济因素就足以满足,属于低级需求。而社会需求、尊重需求以及自我实现需求更多依靠于心理精神层面的因素满足,因而属于高级需求。但是低级需求不会因为高级需求的发展而消失,只是对个体行为的影响力降低。当个人满足高层次的需求之后,就愈接近自我实现的需求,自我实现需求是人本质的最终目的,是个人的潜力得到了充分发展②。除此之外,每个时期个体是存在多种需求的,但是总有一种需求占据主导地位,是个体行为的决定力量③。

总体而言,马斯洛需求层次理论将人的需求主要分为两大类,一类是物质性价值需求,包括生理和安全需求,另一类是精神性价值需求。而随着社会经济发展,人们的生活水平逐渐提高,其物质性价值需求已经被充分满足,越来越多的人注重的是精神性价值需求的满足,期望获得美好的情感、尊重以及自我实现。作为社会养老服务新模式,互助养老为老年人社会参与以及发挥余热提供了新渠道新方式。尤其对于老年服务的提供者(老年志愿者)而言,不仅有助于发掘他们的潜力,还为他们的奉献爱心,给予帮助提供了机会与平台,也有助于其获得他人的尊重以及自我尊重,体现自我价值,满足自我实现的需求。

(五) 积极老龄化理论

随着老龄化社会的不断发展,对于如何应对老龄化,世界卫生组织在"健

---

① Maslow, A. H., "The Theory of Human Motivation", *Psychological Review*, Vol. 50, No. 4, pp.372-385.
② [美]亚伯拉罕·马斯洛:《动机与人格》,徐金生译,中国人民大学出版社2013年版,第5—10页。
③ Maslow, A. H., "The Theory of Human Motivation", *Psychological Review*, Vol. 50, No. 4, pp.372-385.

绪　论

康老龄化"的基础之上提出了更加全面、更加广泛的"积极老龄化"(Active Aging)的概念和理论框架。1997年在西方七国丹佛会议上,"积极老龄化"的概念被首次提出。随后,在众多学者的深入研究探讨中积极老龄化的理论框架被不断完善。2002年第二届世界老龄大会之后,世界卫生组织正式公布了《积极老龄化:政策框架》(Active Ageing: A Policy Framework)的报告,报告中详细指出了积极老龄化的概念、积极作用、影响因素以及积极老龄化政策的三个行动[1]。

积极老龄化是指个体和群体在整个生命周期中,尤其在老年阶段,认识到他们在物质、社会和精神上的潜力,并能够依据他们的需要、愿望和能力参与社会活动,同时在他们需要帮助的时候为他们提供充分的保护、照顾以及安全保障的过程。"积极"指的是继续参与社会、经济、文化、精神和公民事务,而不仅仅是个体积极活动或参与劳动力的能力[2]。积极老龄化目的在于提高人们的生活质量(Quality of life),其中,包含身体健康、心理状态、社会关系、个人信仰和独立自主的水平等诸多方面[3]。

在积极老龄化的众多影响因素中,经济环境的收入、工作以及社会保护等三个方面对积极老龄化的影响尤其显著[4]。在收入方面,低收入群体比高收入群体面临更大的健康风险,其中老年群体更是格外脆弱。因此,一定的收入是促进积极老龄化的重要保障。在社会保护方面,完善的社会保障体系确保了弱势群体的基本生活,同时尽可能地为社会成员提供社会福利,进而使老年人可以获得较为舒适和安全的老年生活。在工作方面,老年人在正式工作、非正式工作、家务活动以及互助活动中能够达到的成就被越来越多的人所承认,

---

[1] World Health Organization: Active Ageing: A Policy Framework, https://apps.who.int/iris/handle/10665/67215, 2002-10-31.

[2] World Health Organization: Active Ageing: A Policy Framework, https://apps.who.int/iris/handle/10665/67215, 2002-10-31.

[3] WHO Quality of Life Assessment Group, "What Quality of Life?", *World Health Forum*, Vol. 17, No. 4, pp.354-365.

[4] World Health Organization: Active Ageing: A Policy Framework, https://apps.who.int/iris/handle/10665/67215, 2002-10-31.

例如在各国的学校、社区、宗教、企业等活动中都可见老年志愿者的身影。

为了应对老龄化和老年问题,积极老龄化理论提出了健康、参与和保障三个行动支柱[①]。健康要求为人们提供高水平的健康保护,降低功能衰退和患慢性病的风险,从而有助于延长人们的生命长度、提高生活质量。确切地说,人们在老年时也能保持健康和管理自己的生活。参与要求老年人能够依据基本人权、能力、偏好、需要,继续参与社会经济、文化以及精神活动,从而继续为家庭、社区以及社会国家作出贡献。保障则是要求当政府政策和计划涉及人们年老过程中的经济、安全需要和权利时,可以保证老年人在无法保护和支持自身的情况下能够得到照顾和保护以及尊严。除政府之外,家庭和社区也是为老年群体提供保护的重要主体。

积极老龄化理论从社会权利的角度提出老年群体是社会可利用人力资源,是社会财富,而非是社会负担的积极观念,因此采取措施增加老年人的健康、参与和安全的机会是有必要的。互助养老同样秉持着老年群体是社会资源这一积极观念,鼓励健康的老年人积极参与老年人互助、志愿与公益活动,不仅有助于提升自身的健康水平,还能够为社会做出贡献。因此,互助养老中体现了积极老龄化理念,并为老龄化理论的进一步完善与发展提供了现实支撑。

三、中国互助养老的研究回顾

(一) 互助养老研究的缘起

随着我国人口老龄化问题的不断深化,我国学术界对互助养老的关注度也日益提升。特别是近年来一些学者基于不同的视角、内容、方法对互助养老进行了研究,取得了较为丰硕的研究成果,也在很大程度上助推了互助养老实践的改革与创新。为了更好地推动互助养老的制度建设与发展,需要对我国互助养老的研究文献进行系统梳理,充分把握互助养老的研究焦点与发展脉

---

① World Health Organization: Active Ageing: A Policy Framework, https://apps.who.int/iris/handle/10665/67215, 2002-10-31.

络,为今后我国互助养老的进一步探索指明方向。

而通过梳理发现,目前我国学术界以互助养老为主题的专门的综述类研究还处于起步阶段,几乎没有学者对互助养老运用一些量化的研究方法进行分析。仅有的相关综述也主要散见于一些论文作为其文献综述的部分予以呈现。这些文献,一方面在研究内容上存在单一化与碎片化问题,对于互助养老研究的全面性与系统性尚有不足;另一方面在研究方法上均为主观分类与定性描述,对于互助养老研究的客观性与定量化也不强。为了弥补上述不足,本文采用文献计量的方法,运用Citespace可视化工具对我国互助养老研究的基本现状、热点变迁、发展趋势等方面进行图谱化和定量分析,以期对互助养老研究进行深化,为今后我国互助养老的实践与发展提供借鉴。

(二) 数据来源与研究方法

1. 数据来源

本文选取中国知网(CNKI)为数据总库,以"互助养老"为主题进行精确检索,检索类别为中文学术期刊。为保证文献样本的权威性和认可度,本文进一步选取了CNKI中的CSSCI期刊(中国社会科学引文索引)、北大中文核心期刊作为样本选取的范围。在剔除一些与本研究主题无关的文献之后,检索发现,1992年至2007年学界对于互助养老讨论极少,故本文研究时间范围设置为2008年至2022年,共检索到243篇相关文献,最终获得有效文献共计242篇。文献检索时间为2023年2月19日。

2. 研究方法

文献计量法主要是指搜集、鉴别、整理文献,利用相关技术软件绘制知识图谱,将数据以图像或图表的形式呈现出来,以对某领域特定时期的研究成果进行归纳总结的方法。本文主要采用文献计量的方法,在对互助养老的发文量等基本数据进行统计的基础上,借助Citespace软件对该领域的研究文献进行可视化分析。

Citespace是一款基于计算机语言开发的文献计量和可视化分析工具,通过其关键词共现、聚类、突现等分析功能,能够帮助我们探测知识领域中潜在的新趋势①,并且它具有操作简便,可视化效果好等优点②。本文采用CiteSpace(6.1.R6版),对各项功能进行设置,通过相关指数来评估知识图谱绘制效果,再加之后期对图谱的布局进行调整,最终获得所需的知识图谱,进而根据其探究互助养老领域的研究热点和潜在课题。

(三) 现有研究的时序分析

通过分析检索文献的发文时间与发文趋势分布,可以较为直观地判断该领域在学术界的发展速度和受重视程度。从总体趋势看,国内学者对"互助养老"的研究热度呈递增趋势,发文量逐年上升,特别是近三年的发文数量提升的速度较快。由此可见,互助养老是一个具有较大研究潜力的领域,正逐步成为学术界关注的(如图0-2所示)一个新兴焦点问题。具体而言,我国互助养老的研究发展大体可分为三个阶段。

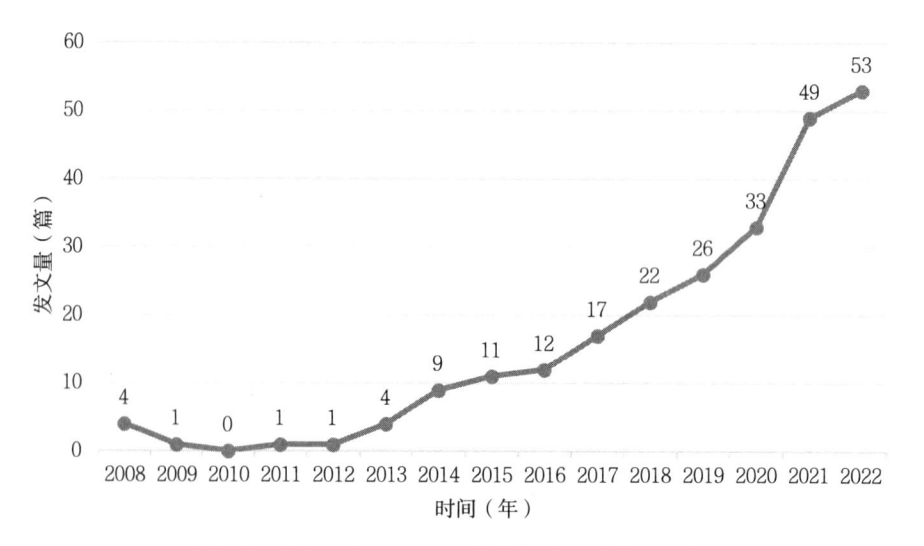

图0-2 2008—2022年互助养老领域文献发文趋势图

① 刘光阳:《Citespace国内应用的传播轨迹——基于2006—2015年跨库数据的统计与可视化分析》,《图书情报知识》2017年第2期。
② 陈悦、陈超美、刘则渊等:《Citespace知识图谱的方法论功能》,《科学学研究》2015年第1期。

第一阶段为2008—2013年。这一时期,由于各地探索互助养老的步伐才刚刚起步,加之学术界对于社会养老服务的研究主要聚焦于机构养老与社区居家养老方面,互助养老的研究尚未受到广大学者的关注。故这一时期我国互助养老的发文量普遍偏低。第二阶段为2014—2019年。这一时期,伴随着各地实践的逐渐展开,互助养老作为一种新型社会养老服务模式开始受到我国学者的关注,发文量开始增多,研究热度也呈逐年上升趋势。尤其是2017年2月,国务院印发了《"十三五"国家老龄事业发展和养老体系建设规划》,倡导通过邻里互助、举办幸福院等形式大力发展农村互助养老。在国家政策支持的作用下,2017—2019年的发文量较前三年显著增多,其中,2019年的发文量达到了14年发文量的3倍之多。第三阶段为2020年至今,这一时期,互助养老领域的发文量快速上升。2021年6月,民政部、国家发改委联合印发《"十四五"民政事业发展规划》,强调大力发展农村养老服务,构建多主体参与的互助养老格局。由此,互助养老的研究也进入快速发展时期,成为国内学者研究养老问题的一大热点,受到学者的普遍关注。

(四) 研究热点的可视化分析

关键词是表达文献主题概念的自然语言词汇,其作为一种检索标识在很大程度上可以表达论文的主题和内容。一个学术研究领域较长时域内的大量学术研究成果的关键词之集合,可以揭示该领域研究成果的突出特征、内在联系,以及研究前沿[1]。运用CiteSpace对关键词进行可视化后,可以发现,在互助养老的相关文献中共有258个关键词,关键词之间共有510条连线,网络密度为0.0154,联系较为紧密。

1. 高频关键词统计分析

对关键词的共现词频进行统计分析并整理列表后,发现"互助养老""时

---

[1] 杨祖国、李秋实:《中国情报学期刊论文篇名词统计与分析》,《情报科学》2000年第9期。

间银行""养老模式""农村养老""养老服务"的出现频次和中心度均比较高,表明这些关键词与互助养老有极强的联系,也代表了互助养老领域学者研究的重要关注点,构成了该领域的代表性术语。

表0-2 互助养老领域的高频关键词及其中心性统计①

排序	关键词	频次	中心度	年份
1	互助养老	94	0.88	2008
2	时间银行	29	0.16	2016
3	养老模式	26	0.19	2008
4	农村养老	21	0.16	2016
5	养老服务	20	0.19	2017
6	农村	11	0.04	2013
7	老龄化	11	0.02	2013
8	养老	8	0.07	2014
9	社会资本	8	0.02	2009
10	合作生产	7	0.01	2021
11	乡村振兴	6	0.04	2020
12	互助	6	0.05	2014
13	农村老人	6	0.02	2016
14	养老意愿	5	0.01	2018
15	家庭养老	5	0.01	2012
16	影响因素	5	0.02	2018
17	社会保障	5	0.03	2020
18	社区	5	0.01	2014

通过对互助养老文献的关键词进行共现分析可以发现(如表0-2所示),就关键词出现的次数而言,互助养老(94次)、时间银行(29次)、养老模式(26次)、农村养老(21次)、养老服务(20次)、农村(11次)、老龄化(11次)等关

① 频次代表关键词出现的次数;中心性表示该关键词在所有关键词中的地位。

键词出现频次最高,均代表了互助养老研究的热点话题。这与学术界重点关注互助养老在养老服务领域的功能研究以及互助养老制度研究的背景与归属相契合。就关键词的中心性,即关键词在所有关键词中的地位而言,中心性最高的分别是互助养老(0.88)、养老模式(0.19)、养老服务(0.19)、时间银行(0.16)、农村养老(0.16)等。这表明这几个关键词相较其他关键词有较高的地位,从而说明学术界非常注重人口老龄化背景下对互助养老的模式与场域的研究。

2. 关键词的聚类及研究热点分析

本文基于 CiteSpace 的关键词聚类功能,进一步分析互助养老领域的研究热点,考察各个关键词之间的相关关系,在 CiteSpace(6.1.R6 版)中将时间切片设置为1,节点类型选择为关键词,并且在裁剪功能区勾选路径研究、修建切片网络和合并网络,从而绘制出时间银行文献关键词聚类的知识图谱(如图 0-3 所示)。本次聚类的模块化 Q 值 = 0.6209(大于 0.5),S 值 = 0.8965(大于 0.7),表明此聚类视图较为显著且合理。

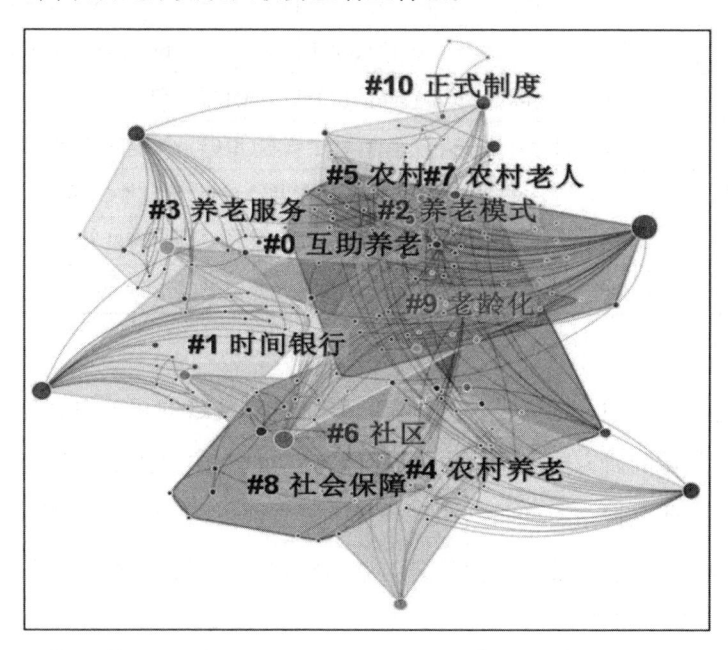

图 0-3 2008—2022 年我国互助养老相关文献关键词聚类知识图谱

同时,使用LLR算法提取聚类标签,聚类群编号为#0-#10,可以得到依次包括#0(互助养老)、#1(时间银行)、#2(养老模式)、#3(养老服务)、#4(农村养老)、#5(农村)、#6(社区)、#7(农村老人)、#8(社会保障)、#9(老龄化)、#10(正式制度)共计11个聚类群。利用CiteSpace软件功能,可以进一步得到每个聚类群的紧密度情况,以及LLR对数似然值最大的三个聚类标签词,如表0-3所示。

表0-3 互助养老文献的关键词聚类群分析[①]

编号	紧密程度	LLR对数似然值前三的聚类标签词
#0	0.96	社区养老(9.98);养老模式(7.68);养老服务(6.26)
#1	0.81	时间银行(8.5);社区互助养老模式(4.23);劳动关系(4.23)
#2	0.92	互助式养老(5.02);老年人(5.02);社区医疗(4.27)
#3	0.91	空心化(9.18);完善路径(4.56);劳动力流出地(4.56)
#4	0.87	代际关系(10.54);土地制度(5.24);养老方式(5.24)
#5	0.86	影响因素(10.12);模式特征(5.03);设计策略(5.03)
#6	0.93	养老(15.55);互助(13.17);德国(6.52)
#7	0.83	参与意愿(11.75);社会资本(8.03);调查问卷(5.82)
#8	0.91	乡村振兴(8.44);社会养老(8.44);可及性(6.03)
#9	0.92	老有所为(12.04);未富先老(12.4);政府投入(6.14)
#10	0.98	农村社会资本(8.86);多元化养老(8.86);伦理文化(8.86)

通过整理高频关键词、聚类群信息,结合现有文献的相关内容可以发现,互助养老领域的研究热点主要集中于互助养老的模式、农村地区的互助养老、互助养老的研究视角、互助养老的参与意愿与影响因素这四个主题领域。

一是互助养老的模式。就互助养老的模式而言,我国学者依据不同维度

[①] 紧密度代表聚类之间的相似程度,数值越高代表聚类成员间的相似程度越高;LLR为对数似然,LLR越大的词越具有对这个聚类的代表性。

探讨了多种互助养老模式。如刘欣(2017)根据互助养老举办主体或是主导者的不同,将互助养老分成政府主导型、社会自组织主导型、家庭主导型三种模式,并对三种模式进行比较分析,总结归纳各自的特征、优势与不足,进一步提出了优化建议。① 向运华和李雯铮(2020)聚焦于资金来源和组织性质的不同,将集体互助养老模式归纳为纯福利型、纯公益型、"公益+福利"型、"市场+"型四种模式。② 张志雄和孙建娥(2015)则从老年人之间的互助服务性质角度出发,将互助养老分为志愿型、储蓄型、市场型三种模式,倡导在全社会构建志愿型互助养老体系,结合储蓄型和市场型互助养老模式,以实现"自助+他助+互助"为一体的多元化养老模式。③ 此外,还有一部分学者结合当下社会条件与资源,以及国内外的一些实践探索,分析了一些新兴的互助养老模式,如"互联网+"背景下的智慧互助养老④、"合租互助"模式⑤、"村庄"自主治理等⑥。

二是农村地区的互助养老。按照区域来划分,我国学者对互助养老的研究大体可分为城市互助养老、农村互助养老两大类。其中,农村互助养老的研究数量要明显多于城市互助养老。学者们研究发现,农村普遍存在着资源筹集能力弱、组织运行功能不周全、老年人参与互助养老水平较低、社会连带效应有限、服务供给效率低难以满足老年人养老需求等一系列困境。⑦ 基于此,学者们从福利多元主义、社会运行理论等出发,分析探索了农村互助养老长效运行的多重机制的构建方法,切实解决农村互助养老的资源筹集、组织

---

① 刘欣:《我国互助养老的实践现状及其反思》,《现代管理科学》2017年第1期。
② 向运华、李雯铮:《集体互助养老:中国农村可持续养老模式的理性选择》,《江淮论坛》2020年第3期。
③ 张志雄、孙建娥:《多元化养老格局下的互助养老》,《老龄科学研究》2015年第5期。
④ 曹莹、苗志刚:《"互联网+"催生智慧互助养老新模式》,《人民论坛》2018年第8期。
⑤ 欧旭理、胡文根:《中国互助养老典型模式及创新探讨》,《求索》2017年第11期。
⑥ 杨康、李放:《自主治理:农村互助养老发展的模式选择》,《华南农业大学学报(社会科学版)》2021年第6期。
⑦ 丁煜、朱火云:《农村互助养老的合作生产困境与制度化路径》,《厦门大学学报(哲学社会科学版)》2022年第1期;万颖杰:《村庄本位视角下农村互助养老的发展困境与应对策略》,《中州学刊》2021年第6期。

协调、社会效应等问题,并引入养老服务准市场供给机制以解决供给不足的问题,提出了实现农村互助养老长效运行的优化路径。① 此外,还有一部分学者注意到,随着老龄化、城市中心化问题的日益突出,城市资源日益紧缺、养老压力加大,而农村地区却普遍存在闲置资源的局面。因此,在乡村振兴和共同富裕的背景下,应当构建一种城乡互助养老的模式,综合协调运用城乡资源,发挥各自优势,以缓解城市养老压力,解决农村养老水平低的难题,最终实现城乡一体化与乡村振兴。②

三是互助养老的研究视角。从现有研究成果来看,许多学者已经从不同的研究视角对我国互助养老进行了探讨,主要形成了五种视角。其一,部分学者从社会资本的视角出发,探究如何在互助养老的实践中实现社会资源和社会关系的"组织化",在组织化实践中实现社会资本培育和再生产,分析组织化面临的困难与挑战,以探索资本积累与有效组织化的优化路径,以及互助养老的现实发展路径。③ 其二,部分学者从合作生产的视角出发,基于过程和结果探索互助养老绩效的内涵,并从内生需求、外部激励两个角度研究了合作生产行为的发生机制,分析了互助养老绩效生成的宏观结构、制度逻辑、微观嵌入、行为逻辑等问题。④ 其三,部分学者从制度主义的视角出发,分析研究农村互助养老出现和形成的制度原因,探索了影响互助养老模式发展的关键因素,并根据互助养老模式面临的现实困境与矛盾,在制度环境层面上提出了对

---

① 齐鹏:《农村幸福院互助养老困境与转型》,《南京农业大学学报(社会科学版)》2022年第3期;王辉:《农村互助养老长效机制:理论建构与实现路径》,《南京社会科学》2023年第2期。

② 郑春平、葛幼松:《基于城乡互助养老的乡镇养老适宜性评价研究——以扬州市为例》,《上海城市规划》2021年第5期;睢党臣、曹英琪:《共享经济视阈下城乡互助养老模式的构建》,《长白学刊》2019年第2期。

③ 杨康、李放:《农村互助养老的"组织化"困境与优化路径——基于社会资本视角》,《兰州学刊》2023年第5期;孙永勇、江奇:《认知性社会资本对农村居民互助养老参与意愿的影响研究》,《辽宁大学学报(哲学社会科学版)》2021年第5期。

④ 杨康、李放、沈苏燕:《农村互助养老绩效的内涵及其实践逻辑:基于合作生产视角》,《农业经济问题》2022年第4期;丁煜、朱火云、周桢妮:《农村互助养老的合作生产何以可能——内生需求和外部激励的必要性》,《中州学刊》2021年第6期。

策和建议。① 其四,部分学者以社会支持理论为视角,探讨了互助养老中社会支持网络的变化,强调通过为老年人,尤其是空巢老人构建多元支持网络来解决老年人的情感、物质、信息等现实养老难题。② 其五,还有一些学者在社会交换理论视角下,从社会规则、相对资源、最小兴趣等角度对我国互助养老的内在逻辑进行了研究,通过探讨互助养老在实施过程中所面临的供需不平衡等现实困境,对互助养老未来发展的实践路径和优化策略提出了优化方向和政策建议。③

四是互助养老的参与意愿与影响因素。老年人的参与意愿是互助养老模式得以顺利运行的重要前提。从现有研究来看,学者们大都通过实证研究方法对我国老年人对于互助养老的参与意愿进行了分析与论证。研究表明,城市老年人整体上参与互助养老的意愿较高,愿意参与率达到了80%以上,互助养老的意识较强。④ 但是,将老年群体按照不同标准划分后,不同老年人的参与意愿却呈现出一定的差异。例如,曹梅娟、韩鑫、陶巍巍等从老年人的个体特征出发,分析研究了个人特征与参与互助养老参与意愿之间的关系,归纳得出老年人年龄越低、身体健康状况越好、文化程度越高参与互助养老的意愿较强。⑤ 辛宝英、于长永等则从家庭状况出发,探索了家庭状况对老年人互助

---

① 陈友华、苗国:《制度主义视域下互助养老问题与反思》,《社会建设》2021年第5期;赵志强、杨青:《制度嵌入性视角下的农村互助养老模式》,《农村经济》2013年第1期。
② 卢艳、张永理:《社会支持网络视角下的农村互助养老研究》,《宁夏党校学报》2015年第3期;陈晓东、徐黎:《农村空巢老人"守望互助"养老模式构建探析——基于社会支持视角》,《兰州工业学院学报》2021年第1期。
③ 刘晓梅、刘冰冰:《社会交换理论下农村互助养老内在行为逻辑与实践路径研究》,《农业经济问题》2021年第9期;高新宇、周静舒:《时间银行互助养老模式的运行机理与优化策略——基于社会交换理论视角》,《河北农业大学学报(社会科学版)》2023年第1期。
④ 周荣君、洪倩、李贤相等:《城市社区居家老年人互助养老意愿影响因素分析研究》,《中国全科医学》2020年第29期。
⑤ 曹梅娟、王亚婷:《低龄老年人参与"时间银行"互助养老模式的意愿调查》,《护理研究》2018年第14期;韩鑫、徐凌忠、温宗良等:《农村老年人互助养老方式选择意愿现状及影响因素分析》,《中国卫生事业管理》2022年第12期;陶巍巍、张善红、张良瑜等:《社区老年人互助养老意愿现状及其影响因素分析》,《中国护理管理》2020年第4期。

养老参与意愿的影响,总结得出老年人的婚姻状况越好、家庭关系情况越融洽、收入情况越差,参与互助养老的意愿就越低。① 此外,还有部分学者如聂建亮、王立剑等从社会资源的角度对互助养老的参与意愿进行了调查研究,发现养老保险待遇越好、邻里关系越和谐,则老年人的互助养老参与意愿越强烈。②

(五) 研究关键词突变率及研究趋势

突变词是指在不同时间段内,词频贡献度发生突然骤增的关键词,其突然出现的程度越高,表明该关键词的学术关注度越高。③ 根据突变词图谱,我们可以了解某一关键词的出现时间、持续时间、迭代情况,具有一定的即时性。通过突变词的变化情况,我们还可以进一步总结归纳出某领域的研究阶段与研究趋势。由此,本文运用 CiteSpace 软件绘制出了我国互助养老领域相关文献中突变率排名前18位的突现关键词图谱。如图0-4,加粗线段表示关键词突现的时间段,图谱中的"Begin"列代表关键词突现的起始年份,"End"列表示关键词突现的终止年份。通过分析突变词知识图谱发现,我国互助养老的研究趋势总体上分为以下三个阶段:

第一阶段为 2008—2013 年。这一时期的关键词以"社区养老""模式"为主。根据文献发文量时序分析可知,这一时期是我国互助养老发展的起步阶段。对于社会养老服务的研究,学者们则重聚焦于人口老龄化下机构养老、社区养老和居家养老模式的研究。与此同时,面对这些养老模式在现实中所出现的问题,如缺乏专业的服务人员、服务费用较高、与老年人养老理想需求

---

① 辛宝英、杨真:《子女外出对农村老人互助养老意愿的影响》,《人口与经济》2022 年第5期;于长永:《农村老年人的互助养老意愿及其实现方式研究》,《华中科技大学学报(社会科学版)》2019 年第2期。

② 聂建亮、唐乐:《人际信任、制度信任与农村老人互助养老参与意愿》,《北京社会科学》2021 年第5期;王立剑、朱一鑫:《社区服务利用与农村老年人互助养老意愿——广义生产性框架下的机制分析》,《人口与经济》2022 年第5期。

③ 刘敏娟、张学福、颜蕴:《基于核心词、突变词与新生词的学科主题演化方法研究》,《情报杂志》2016 年第12期。

Top 18 Keywords with the Strongest Citation Bursts

Keywords	Year	Strength	Begin	End	2008 - 2023
社区养老	2008	1.43	2008	2016	
模式	2010	3.24	2010	2017	
社区	2013	4.76	2013	2016	
互助	2013	3.4	2013	2015	
养老	2014	2.75	2014	2016	
老年群体	2014	2.3	2014	2018	
社会资本	2014	1.53	2014	2015	
老年人	2013	1.91	2015	2016	
家庭养老	2016	2.25	2016	2017	
城市	2016	1.76	2016	2019	
居家养老	2013	1.62	2016	2018	
幸福院	2016	1.43	2016	2019	
低龄老人	2017	2.48	2017	2019	
老龄化	2010	2.13	2017	2018	
养老意愿	2017	2.14	2019	2020	
运行机制	2019	1.57	2019	2020	
乡村振兴	2020	1.83	2021	2023	
志愿服务	2019	1.75	2021	2023	

图 0-4　2008 年至今我国互助养老领域突变词知识图谱

不契合等,一些学者开始关注与探索解决我国老年人养老问题的其他模式,以求更好地应对我国人口老龄化日益严重的问题。由此,将互助养老作为一种社会养老服务的"模式"研究逐渐进入养老服务的研究视域,成为这一时期的研究关注点和热点。但随着互助养老实践的不断发展,研究范围的不断拓展,该关键词在 2016 年左右逐渐被迭代。学者们开始探索研究实施互助养老的具体理念与路径。

第二阶段为 2014—2018 年。这一时期的关键词以"养老""老年群体""社会资本""老年人""家庭养老""城市""居家养老""幸福院""低龄老人""老龄化"为主。随着学术界对互助养老研究的逐步深入,广大学者的研究领域不断扩大,开始进一步探索我国互助养老的具体模式(如农村幸福院互助养老模式),并从多视角出发研究了互助养老的实现路径,互助养老在社会养老服供给体系中的功能,以及各地在探索互助养老实践中所取得的成效、困境与启示。

第三阶段为2020年至今。这一阶段,"养老意愿""运行机制""乡村振兴""志愿服务"等关键词出现的频率增高。由此可见,学术界对于互助养老的研究,一方面开始加强需求视角的探究,许多研究围绕老年人对于互助养老的参与意愿与影响因素展开讨论;另一方面开始更加关注互助养老的微观剖析,特别是从各地互助养老的模式创新与具体实践出发,剖析了互助养老的运行机制;再一方面积极融入国家的最新战略与制度发展,瞄准互助养老在实现乡村振兴、共同富裕、积极应对人口老龄化等方面的重要作用,深化了互助养老的研究价值。

(六) 研究总结与展望

1. 研究总结

本部分运用CiteSpace(6.1.R6版)软件对CNKI数据库中2008—2022年有关"互助养老"的同属于CSSCI期刊(中国社会科学引文索引)和北大中文核心期刊的242篇文献进行了可视化分析,得到以下结论。

第一,从互助养老研究的时间分布来看。我国互助养老的研究大致可以分为2008—2013年、2014—2019年、2020年至今这三个阶段。从每年的发文数量来看,虽然相对于其他主流社会养老服务模式,针对互助养老的研究文献数量仍然较少,但随着互助养老在养老服务、社区治理、乡村振兴等领域得到广泛的实践,学术界也加强了对互助养老的研究,以致该领域论文发表数量呈现连年递增趋势,特别是近些年的发文数量呈现出快速上升的趋势。由此可见,互助养老是一个具有重要价值且具有较大潜力的研究领域。

第二,从互助养老研究的热点来看。一方面,通过关键词的出现频次和中介中心性可以发现,"互助养老""时间银行""养老模式""农村养老""养老服务"等关键词出现频次、中心度都较高,表明他们它们与互助养老有极强的联系,是互助养老领域持续被关注的热点,构成了该领域的代表性术语;另一方面,通过关键词聚类分析可以发现,我国互助养老研究的热点主要集中在互助养老的模式、农村互助养老、互助养老的研究视角、互助养老的参与意愿与影响因素这四个领域,组成了国内学者重点关注的热点话题与研究主题。

第三,从互助养老研究的热点趋势来看。通过关键词突变率分析可以发现,我国互助养老的研究热点大致经历了三个阶段。其中,2008—2013年主要围绕社区养老、模式这两个关键词对互助养老进行了初步探索。2014—2018年是研究的发展阶段,学者们主要围绕老年群体、社会资本、家庭养老、城市、居家养老、幸福院等方面对互助养老进一步展开了分析。2020年以来,学者们的研究则着重于老年群体对于互助养老的参与需求与参与意愿、互助养老的运行机制等领域,对我国互助养老的研究得到了进一步的拓展与深化。

2. 研究展望

综上所述,经历了十余年的探索,我国学术界对于互助养老已经进行了相当大量的研究。但是随着社会经济的快速发展和我国互助养老实践的不断推进,现有研究也存在一些不足,笔者认为未来对于我国互助养老的研究还应该加强以下几方面的探索:

第一,要加强我国互助养老的理论研究,特别是具有中国特色的互助养老的理论研究。目前国内对于互助养老的理论研究还处于起步阶段,大多数研究文献集中于对各地互助养老的制度与政策、模式与实践的探究与分析,缺乏对互助养老的理论建构。部分文献对我国时间银行进行了一些理论研究,也多是基于源自西方的理论框架,如社会资本、共同生产、制度主义、社会支持等理论。今后的研究应该从我国的文化传统、现实国情与发展实际出发,探索具有中国特色的、本土化的理论,以丰富我国互助养老的理论建构。

第二,要加强互助养老在城市地区的实践研究。目前学术界对我国互助养老的研究主要集中在农村地区,特别是对农村互助幸福院模式的研究,对于城市地区的实践探究较为不足。相较于农村,城市地区的人口老龄化问题同样严重。虽然近年来以居家养老为基础、社区养老为依托、机构养老为补充的城市社会养老服务体系已经逐步建立起来,但从各地实践情况来看,这一体系还存在许多短板,服务的供给与老年人的实际需求与养老意愿还具有一定的差距。这就需要加强城市互助养老的研究,尤其是要通过对各地的实践探索进行探究与总结,为城市社会养老服务体系的完善,老年人多样化服务需求的满足提供新的解决之道。

第三,要进一步加强信息化、网络化、智慧化等各种先进理念与工具在互助养老的应用研究。随着科技的高速发展与不断进步,互联网、智慧产品、网络思维已融入人们生活的方方面面,给老年人及其家庭带来了诸多便利,也掀起了新一轮社会养老服务供给改革的浪潮。目前,已有一部分学者开始关注信息技术与互助养老的链接与应用,但相关研究仍然处于起步阶段。为此,未来我国学术界需要加强互助养老的信息化、网络化、智慧化研究,使互助养老朝着更加便捷、更加实用的方向发展,造福广大老年群体。

第四,要加强我国互助养老制度构建的研究。虽然学术界对我国互助养老的制度构建进行了不少的探索,但大多是基于国外的经验,结合国内的实践提出框架性或地域性的制度构想,对未来我国互助养老制度整体性和规则性内容与要素、现有区域性制度实施的评价还十分不足。期望今后有更多这方面的研究,为互助养老专项政策的提出与完善提供强有力的研究支撑。

第五,要进一步加强互助养老对共同富裕功能的研究。老年群体尤其是贫困老人普遍被视为生活最为困难的一类弱势群体。养老问题直接关系着我国共同富裕目标的实现。作为解决我国养老问题的一种新型社会养老模式,互助养老通过影响老年群体的养老服务供给与需求满足,在提升老年人生活获得感和幸福感上正发挥着越来越重要的作用。因此,应当进一步在学理上探究互助养老与共同富裕之间的逻辑,总结地方互助养老实践在共同富裕实现过程中的有益经验应用于实践之中。

第一章 中国城市互助养老的发展历程与主流模式

第一节 中国城市互助养老的发展历程

一、新中国成立之前我国互助养老的萌芽

(一) 先秦时期的互助养老思想

自古以来我国就存在互助、互惠、互利的思想传统,早在先秦的典籍中就有相关记载。如《诗经·小雅·北山之什》中写道"彼有遗秉,此有滞穗,伊寡妇之利。"①《礼记·礼运》中提到"故人不独亲其亲,不独子其子,使老有所终,壮有所用,幼有所长,矜、寡、孤、独、废疾者皆有所养"②。《孟子·滕文公上》中提倡"死徙无出乡,乡田同井,出入相友,守望相助,疾病相扶持,则百姓亲睦。"③《孟子·梁惠王上》中的"老吾老,以及人之老;幼吾幼,以及人之幼。"④《庄子·天下》中提出"以衣食为主,蕃息畜藏,老弱孤寡为意,皆有以养,民之理也。"⑤《墨子·兼爱》中主张的"兼相爱,交相利"⑥,以及《周礼》中

---

① (汉)韩婴:《韩诗外传集释》,中华书局1980年版,第144页。
② 胡平生、陈美兰译注:《礼记·孝经》,中华书局2007年版,第110页。
③ 方勇译注:《孟子》,中华书局2015年版,第91页。
④ 焦循:《孟子正义(上)》,中华书局1987年版,第86页。
⑤ (清)郭庆藩:《庄子集释》,中华书局2012年版,第1066页。
⑥ 方勇译注:《墨子》,中华书局2011年版,第124页。

规定的"以保息六养万民:一曰慈幼,二曰养老,三曰振穷,四曰恤贫,五曰宽疾,六曰安富"①等。这些思想都显示出我国先民对于守望相助理想社会的一种向往和追求。

(二) 秦汉时期的互助养老

我国古代对于互助养老的实践秦汉时期已现萌芽。这一时期社会上已经存在一种普遍的地缘性互助组织——"单"。尽管这种组织在文献中未见于正史记载,但在传世的汉代印章中留有印记。其中,以养老、防老为目的而创立的"单"有"攻生单""长寿单""千岁单""万岁单""千秋乐平单""长生安乐单""益寿单""曾(增)寿单""长寿万年单"等。由此可见,体现互助互惠精神的养老举措在秦汉时期的民间邻里生活中已经得到初步探索②。及至两汉时期,随着宗族势力的不断壮大,宗族内部的救济赈赡活动逐渐成为互助养老的一种方式。如在崔寔《四民月令》中的"九月"条里,宗族要"存问九族孤、寡、老、病不能自存者,分厚彻重,以救其寒。"③

(三) 魏晋南北朝时期的互助养老

魏晋南北朝时期,宗族内部互助性的救济赈赡活动得到延续。宗族对鳏寡孤独无人奉养的人依然负赡养的责任。除了宗族互助措施以外,这一时期还有一些社会仁人志士所采取的个人赈赡义举,也对宗族救济赈赡进行了补充,进一步丰富了民间互助养老的形式。如《晋书》卷九十四《隐逸列传》记载,"去骥之家百余里,有一孤姥,病将死,叹息谓人曰:'谁当埋我,惟有刘长史耳!何由令知。'骥之先闻其患,故往侯之,值其命终,乃身为营棺殡送之"④。《宋书》卷九十一《孝义传·严世期传》记载,"同县俞阳妻庄年九十,

---

① 崔高维校点:《周礼·仪礼》,辽宁教育出版社2000年版,第22页。
② 景军、赵芮:《互助养老:来自"爱心时间银行"的启示》,《思想战线》2015年第4期;王文涛:《秦汉社会保障研究——以灾害救助为中心的考察》,中华书局2007年版,第133页。
③ (清) 严可均:《全上古三代秦汉三国六朝文》,中华书局1958年版,第731页。
④ (唐) 房玄龄:《晋书》,中华书局1999年版,第1633—1634页。

庄女兰七十,并各老病,单孤无所依,世期衣饴之二十余年,死并殡葬。"①

(四) 隋唐五代时期的互助养老

隋唐五代时期,当政者为弘扬孝道,在政府层面采取了一些互助性的恤老和给侍制度②。如《唐令拾遗·户令第九》规定,"诸鳏寡孤独贫穷老疾不能自存者,令近亲收养,若无近亲,付乡里安恤,如在路有疾患,不能自胜致者,当界官司收付村坊安养,仍加医疗,并勘问所由,具注贯属,患损之日,移送前所"③。即唐朝时期已通过律令的形式规定,鳏寡孤独不能自己生活的人先考虑其近亲收养,没有近亲的则由乡里进行恤养。唐开元二十五年《户令》规定,"诸年八十及笃疾,给侍丁一人,九十二人,百岁三人,皆先尽子孙,次取亲邻,皆先轻色。无近亲外取白丁者,人取家内中男者,并听。"④这也可以看出唐朝时期国家会安排专门的侍丁来照顾老年人。与恤老相似的是,老年人的子孙会优先被考虑充侍,当老年人无子孙时则需在街坊邻居中选择侍丁充侍。此外,在民间层面,私社(或称社邑、义社、义邑等)在这一时期得以盛行,其中一部分以中老年妇女(女性长辈)作为主要构成力量的"女人社"得到快速发展。⑤《显德六年(959)正月三日女人社社条》中记载,"盖闻至城(诚)立社,有条有格。夫邑仪者,父母生其身,朋友长其值,遇危则相扶,难则相救,与朋友交,言如信,结交朋友,世语相续。大者若姊,小者若妹,让语先登,立条件与后"⑥。可以看出,"女人社"的主要活动内容就是扶危济困,具有明显的结

---

① (梁)沈约:《宋书》,中华书局 1999 年版,第 1495 页。
② 给侍制度是一种国家安排侍丁来照顾侍老的制度。侍老是达到一定年龄的老年人。一般 80 岁及以上的老年人被称为侍老。侍丁是照顾侍老的人,主要为成年男子,但在某些历史时期中男(年满 16 岁上的未成年男子)和妇女也可充当侍丁。侍丁分为亲侍和外侍。亲侍是与侍老有亲属关系的人进行照顾,外侍是与侍老无亲属关系的人进行照顾。
③ [日]仁井田升:《唐令拾遗》,栗劲等编译,长春出版社 1989 年版,第 420 页。
④ (唐)杜佑:《通典(卷七)》,中华书局 1988 年版,第 155 页。
⑤ 由女人结成的私社最早出现于北朝东魏时期,主要进行兴佛崇礼的宗教活动,如结邑造佛像祈福。到了隋唐五代时期"女人社"的主要活动开始转变为经济和生活的赈济互助。
⑥ 宁可、郝春文:《敦煌社邑文书辑校》,江苏古籍出版社 1997 年版,第 23—24 页。

义互助性质。

(五) 宋元时期的互助养老

宋元时期,随着宗族制度的兴起,义庄逐渐成为互助养老的一种重要的方式。[1] 北宋时期义庄开始建立并得到初步的发展。南宋时期义庄赡族遍及更广的地方。元朝时统治者虽未大力提倡义庄,但依然给予义庄的田产有力的政策保护。[2] 就功能而言,义庄创立的主要目的之一就是赡族,即"创立义田,以赡宗族"。其中老人赡养的功能便体现在赡族功能之中。如《济阳义庄规条》规定,"贫老无依,不能养者,无论男女,自五十一为始……每日给米六合。年至六十本拟间岁酌给棉衣,今特加给月米,听其自行置办。六十一给米七合,七十一给米一升。八十一,日给一升五合,九十一岁日给二升。百岁建坊,贺仪从厚,以伸敬老之意"[3]。汤氏义庄的《义庄支给数目》记载,"育子者壹石,其已育二男再育男者,已育一女再育女者,并给贰石。八岁入小学者,岁支钞拾千,十二岁以上贰拾千。十五岁以上叁拾千。七十以上者岁帛壹疋"[4]。由此可见,义庄通过家族互济的方式会定期向族内老年人发放粮食钱物,以增强老年人,特别是孤老、贫老、弱老的风险应对与保障能力。

(六) 明清时期的互助养老

明清时期,民间义庄力量更加兴盛。据统计,明代族田义庄已增至233例,清代更是达到约500例。[5] 一方面,明清民间义庄继承前代传统继续对族

---

[1] 义庄又称义田、义廪,主要功能为完纳国课、为祭祀等宗族活动提供经费、助学、稳定地权、兴办公益事业、赡族等。其养老的功能主要体现在赡族功能中。我国历史上的第一个义庄是范仲淹于宋仁宗皇祐元年在故乡苏州设立的范氏义庄。

[2] 袁同成:《"义庄":创建现代农村家族邻里互助养老模式的重要参鉴——基于社会资本的视角》,《理论导刊》2009年第4期。

[3] 王国平、唐力行:《明清以来苏州社会史碑刻集》,苏州大学出版社1998年版,第259页。

[4] (元)黄溍撰:《金华先生文集(卷十)》,王颋点校:《黄溍全集》,天津古籍出版社2008年版,第312页。

[5] 龚浩、王涛:《义庄族田:我国古代宗族的慈善模式》,《学习时报》2022年3月4日。

内老人履行赡养职责。如《桂溪项氏族谱》记载,桂溪项氏"年老乏嗣男妇,男年逾六十五岁,妇年逾六十岁,贫寒不能自赡者,给养终身"①。另一方面,这一时期义庄的赡济范围逐渐延伸到宗族之外和乡邻之间②,互助的范围不断扩大。另外,明清还涌现出了众多以行善为宗旨的民间慈善组织,如善会与善堂。善会与善堂主要是由民间力量参与组建,由民众自愿加入而成的。其中,以养老为目的的善会与善堂有恤颐堂、普济堂等。如《得一录》记载,南京恤颐堂"收养无靠老人。年七十以上者。赴堂报名。……老人年虽七十而有子孙奉养者。不准收入……老人四名。共房一间。每年给箕箒一付。四人轮行洒扫。不得互相推诿,以致污秽"③。《武进阳湖县志》记载,阳湖县普济堂"岁收租息钱给养老废孤寡。老废额六十人,日各给米麦八合三勺,菜钱八,冬给棉袄、絮被、裤褂、帽鞋、席。孤寡额一百五十人,各给钱二百。同治十三年,暂设普济会,有田一百十四亩,市房一间,岁收租钱给养老废额二十人。月各给米二斗,钱二百。"④此外,这一时期互助养老还在一些特殊群体之间展开。如一部分宦官以道观寺院为依托成立养老义会,由相对年轻的老年太监照顾高龄的老年太监。与之类似,一些没有成家和子嗣的自梳女也会结成金兰会(或称十姐妹会、姑婆会),共居姑婆屋,年老时相互照顾与扶持。

(七)民国时期的互助养老

民国时期,受传统文化的影响,基于传统宗族关系的互助实践依然在我国养老领域发挥着重要的作用。特别是在战火纷飞、社会动荡的年代,宗族内部之间的这种互助功能,对那些无人照顾、生活困苦、病残体弱的老年人起到了

---

① 卡利:《明清徽州族规家法选编》,黄山书社2014年版,第267页。
② 李汝如:《从宗族到乡邻:清末江南义庄救助事业的社会化》,《廊坊师范学院学报(社会科学版)》2019年第3期。
③ (清)余治:《得一录(卷三)》,2023年7月1日,见http://www.wenxue100.com/book_LiShi/book408_4.html。
④ (清)王其淦、吴康寿:《光绪武进阳湖县志》,《中国地方志集成·江苏府县志辑:第37册》,凤凰出版社2008年版,第121页。

一定的保护。如《民国二十年余姚修谱续增宗规》记载,"旧制度内鳏、寡、老、独、残疾,每季每人给制钱一千六百文,孤每季每人给制钱八百文。……今自民国十六年起给寡每季每人给银元四元,全年共计十六元。……至寡老、孤独、残疾,如实有家贫不能存活,而又无进房可以依赖者,应随时公议酌给,毋得徇情冒滥。"①此外,这一时期南北各地还普遍存在一种协助完成丧事的互助组织,即老人会(如天津增寿会、山东孝帽子会、河南天伦会、广东长生会、广西援老会等)。老人会将家中有年长老人的家庭集聚入会,在成员家中老人亡故后,通过摊款(或提供丧葬用品)、提供劳动力(出人帮忙理丧)协助成员完成丧葬礼仪。

二、新中国成立以来我国城市互助养老的实践

(一) 计划经济时期互助养老的实践

1949年中华人民共和国成立,我国彻底结束了旧中国半殖民地半封建社会,社会制度和人民生活的发展开启了新纪元。新中国成立初期,一方面,针对社会上大量的流离失所、无依无靠的孤、老、残、幼,民政部门在接管和改造民国政府时期举办的"救济院""慈善堂""教养院"等旧慈善团体和救济机构的同时,创办了一大批救济福利事业单位,对这些弱势群体进行集中收养与安置;②另一方面,为了快速改变当时落后的生产和生活条件,实现国家对社会的有效控制与整合,我国采取了自上而下的行政手段,通过单位制的形式对城市地区的经济发展形态和社会管理方式进行重构。③ 在这种社会经济结构下,大部分城市居民会被吸纳进单位进行就业与生活,与单位形成依附关系。

---

① 费成康:《中国的家法族规》,上海社会科学院出版社1998年版,第356页。
② 林闽钢、梁誉:《我国社会福利70年发展历程与总体趋势》,《行政管理改革》2019年第7期。
③ 20世纪50年代以来,随着人民生活的逐步稳定以及单位体制的建立,城市中的一般老年人主要由家庭和单位进行赡养。而那些无依无靠、无家可归、无经济来源的"三无"老人与特殊老人则主要依靠社会福利事业单位进行收养。

单位代表国家对其提供全方位的保障。特别是在福利住房(又称单位职工宿舍或单位大院)的保障下,单位内的职工(包含与职工共同居住的家属)之间会形成以业缘关系为纽带的地缘生活共同体。在这一共同体内,居民之间既是同事关系又是邻里关系,社会关系比较稳定,并且还会随着时间的推移不断强化和加深。[1] 因此,一旦职工家中有老人需要帮助,邻里之间通常采取一些互助行为,减轻彼此的后顾之忧。这种非正式的互助行为在计划经济时期的单位制社区内十分普遍。此外,如果职工家中老人或是老职工家庭发生困难,其所在单位一般也会派专人对其进行慰问,并给予一定的支持与救助。

(二) 20 世纪 80 年代以来互助养老的实践

20 世纪 80 年代以来,伴随着人民生活水平的提高,人们对社会服务的需求程度日益提升。[2] 社会上越来越多地出现一些有家庭但无人照看,或亲属无力照顾的老人。为了回应城市居民日益增长的养老服务需求,许多城市通过社区居委会将辖区内的机关、企事业单位(如粮店、煤店、副食品商店、学校、卫生院、浴池、理发店等),以及一部分热心退休职工、在职职工、职工家属、青少年群体、居民积极分子、街道和社区干部组织起来,与社区内的一些孤老、退休、身边无子女有各类困难的老人签订包护协议,成立包护小组,固定为他们进行生活照料与义务服务,如送粮、送菜、送煤、理发、缝纫裁剪、医疗护理、陪伴就医、家务清洁、修缮住房等。这种老年人包护服务受到了社区老年人的普遍欢迎,在全国各地得到了蓬勃发展。以武汉为例,1987 年初全市 3576 位散居孤寡老人全部实现了包护,全市共组成包护组 1100 多个,有 232 个单位,1.2 万多名志愿者参加了包护服务活动。[3] 一些地区甚至还对老年人包护服务进行了创新。如上海为了配合孤老包护组的工作,在街道层面还建立了孤老服务站,设有专职人员,为包护老人开展专门性服务。

---

[1] 柴彦威、肖作鹏:《中国城市的单位透视》,东南大学出版社 2016 年版,第 66 页。
[2] 林闽钢、梁誉:《论中国社会服务的转型发展》,《行政论坛》2018 年第 1 期。
[3] 崔乃夫:《当代中国的民政(下)》,当代中国出版社 1994 年版,第 250 页。

与此同时,这一时期民政部开始大力倡导与推动社区服务。1987年9月,民政部在武汉召开全国城市社区服务工作座谈会,提出了社区服务的内容、性质和目标。之后,社区服务开始在一些城市进行试点和探索,并逐步在全国推开。1991年,民政部进一步提出探索社区建设。作为社区服务与社区建设重要领域,各类社区养老服务依托街道、社区资源建立起来,并得以迅速推广。这一阶段,真正以社区为载体的现代型社区互助养老服务开始在杭州、天津、上海等城市出现,群众自发成立"老年人互助组""老年人互助小分队"等互助养老组织,在生活照料、心理咨询、法律或医疗等方面发挥作用。[①] 此外,20世纪90年代中后期以来,"时间银行"的互助养老理念与技术开始从西方引入我国。如1998年4月,上海市虹口区提篮桥街道晋阳社区居委会开始探索时间储蓄卡行动。1998年底,太原电信局电话信息台和山西大西广告有限公司联手为老年人开办了时间银行服务业务。1999年初,北京市朝阳区潘家园松榆里第一居委会以互助养老为主要内容自发建立了时间银行。由此,时间银行互助养老引起社会各界的广泛关注,并为今后我国互助养老模式的丰富与发展提供了一条新的实践路径。

(三) 2000年以来互助养老的实践

2000年以来,伴随着老龄化社会的到来,我国越发重视社会养老服务制度的建设,互助养老也进入了一个快速发展的时期。在国家层面,2000年8月,中共中央、国务院发布《关于加强老龄工作的决定》,提出在城镇要建立起以基本养老保险、基本医疗保险、商业保险、社会救济、社会福利和社会互助为主要内容的比较完善的养老保障体系。提倡和鼓励老年人之间建立互助关系,倡导社会互助,积极开展扶老助困志愿活动。2001年7月,国务院印发《中国老龄事业发展"十五"计划纲要(2001—2005年)》,鼓励老年人继续参

---

① 方静文:《从互助行为到互助养老》,《中南民族大学学报(人文社会科学版)》2016年第5期。

与社会发展。根据社会需要和自愿量力的原则,创造条件,积极发挥老年人在两个文明建设中的作用。在城镇,要重视老年人才资源的开发和利用,引导老年人从事教育、科研、咨询以及维护社会治安、社区服务等社会公益活动……支持老年人自助互助。2006年9月,中国老龄工作委员会办公室出台《中国老龄事业发展"十一五"规划》,进一步提出鼓励老年人积极参与维护社会治安、社区建设等社会公益活动……积极倡导和支持老年人广泛开展自助互助,努力探索实现"老有所为"的新形式。2008年1月,全国老龄办等10部委联合发布《关于全面推进居家养老服务工作的意见》(全国老龄办发〔2008〕4号),提出要大力发展社区居家养老服务志愿者组织,鼓励和支持社区居民和社区单位等为居家的老年人提供多种形式的养老服务。

在地方层面,更多的城市也开始尝试开展互助养老活动。例如,2006年,浙江省由省老龄工作委员会统一指导在市县开展"银龄互助"试点,依托基层老年人协会让老年人开展互帮互助、以老助老的空巢、高龄、病残、失能老年人志愿服务活动。同年,新疆维吾尔自治区克拉玛依市金龙镇以社区为单位搭建了"老友关爱圈"(一个"圈"包括10—15户老年家庭),通过低龄老年人帮助高龄老年人,健康老年人帮助失能老年人的形式实现老年人自我管理,自我服务,相互帮助。2007年,山东省青岛市四方区在政府的支持下,整合政府、社会、家庭三方资源开展互助养服务,在老年人家中和社区两个层面建立家庭式的互助养老点和社区互助养老中心,并制定《四方区互助养老公约》和《四方区互助养老管理制度》在全区推广。2008年,辽宁省辽阳市白塔区成立居家养老互助会,通过会员制的方式依靠社区爱心志愿者为社区内居家的60岁以上的空巢、特困、残病等老人提供生活援助服务。2009年,广东省广州市越秀区在劳动保障局的推动下分别在洪桥、广卫街、光塔街三个地方进行了养老服务储蓄机制的试点,鼓励爱心群众通过参加为老服务换取爱心工时享受退休后免费服务。2011年,北京市海淀区开启了老年互助社建设工作,邀请60岁左右、身体健康的老人为高龄空巢老人提供居家养老志愿服务,通过"以老养老"满足老年人的各方需求。

（四）2012年以来互助养老的实践

2012年以来,中国特色社会主义进入新时代,我国的互助养老也逐步走入制度化和系统化发展阶段。在顶层设计上,2013年9月,国务院出台《关于加快发展养老服务业的若干意见》(国发〔2013〕35号发),倡导机关干部和企事业单位职工、大中小学学生参加养老服务志愿活动。支持老年群众组织开展自我管理、自我服务和服务社会活动。探索建立健康老人参与志愿互助服务的工作机制,建立为老志愿服务登记制度。2017年2月,国务院印发《"十三五"国家老龄事业发展和养老体系建设规划》,提出鼓励老年人参加社区邻里互助养老,采取政府购买服务等措施加大对公益性、互助性、服务性、专业性基层老年社会组织的支持力度。2019年4月,国务院办公厅发布《关于推进养老服务发展的意见》(国办发〔2019〕5号),提出打造"三社联动"机制,以社区为平台、养老服务类社会组织为载体、社会工作者为支撑,大力支持志愿养老服务,积极探索互助养老服务。大力培养养老志愿者队伍,加快建立志愿服务记录制度,积极探索"学生社区志愿服务计学分""时间银行"等做法,保护志愿者合法权益。2021年11月,中共中央、国务院发布《关于加强新时代老龄工作的意见》,提出把老有所为同老有所养结合起来,完善就业、志愿服务、社区治理等政策措施,充分发挥低龄老年人作用。2023年5月,中共中央办公厅、国务院办公厅印发《关于推进基本养老服务体系建设的意见》,明确了通过提供基本养老服务、发挥市场作用、引导社会互助共济等方式,帮助困难家庭分担供养、照料方面的负担的工作原则。

在地方实践上,这一时期互助养老进一步在全国各地推广,并得到深化发展。如哈尔滨市南岗区的老人互助温馨小屋、上海市民政局发起的"老伙伴"计划、深圳福田区实施的"老伙伴志愿行"项目、成都高新区启动了院落"窝窝计划"等。此外,许多地区还围绕积分互助养老和时间银行等互助养老模式进行创新实践。如积分互助养老方面,2014年,新乡市依托"12349"居家养老网络服务平台,通过整合与养老服务和消费相关的各类社会资源,构建了以积分为纽带的互助联盟,动员全社会积极参与各类志愿性养老服务。2019年3月,西安市莲湖区民政局下发《关于暖分助老项目试点工作的通知》(莲民字〔2019〕22号),在全区推广"暖分助老"互助项目,鼓励中老年人及其子女通过参加各类公益助老志愿活动以及助老异业联盟商的消费获取助老积分,兑换相应养老服务或生活物品。2022年8月,东营市经济技术开发区开展"银龄"互助试点活动,组织低龄老人志愿为高龄、失能、空巢老人提供服务,并将服务时间进行积分储蓄。时间银行互助养老方面,2017年10月,南昌市东湖区全面推行居家养老志愿服务时间银行模式,鼓励60岁以上低龄健康老人和其他志愿者,为社区高龄、失能、失智、独居、失独老人提供志愿服务。2019年7月,南京市政府办公厅颁布《南京市养老服务时间银行实施方案(试行)》(宁政办发〔2019〕38号),率先在全国建成了市级层面的统一养老服务时间银行。2021年12月,北京市民政局、财政局、共青团北京市委员会出台《北京市养老服务时间银行实施方案(试行)》(京民养老发〔2021〕206号),也开始在全市层面推广时间银行互助养老制度。

第二节 中国城市互助养老的主流模式

在继承传统与实践创新的基础上,经过几十年的探索与发展,目前我国城市地区主要形成了志愿互助、时间银行、积分互助三种主流的互助养老模式。三种模式在健全社会养老服务体系,促进养老服务供给,满足老年人养老服务需求等方面均发挥了重要的作用。

一、志愿互助养老模式

志愿互助养老指的是一种基于地缘关系,有能力的老年人和社会成员出于利他的道德感和助人的责任心,无偿地为周边需要帮助的老年人提供关怀、关爱的互助服务。通过互助养老的历史回顾可以看出,志愿互助养老最早可以追溯到秦汉时期地缘性的互助性养老组织"攻生单""长寿单""千岁单"等。并且,随着宗族内部互助性的救济赈赡活动、互助性的恤老和给侍制度、以行善为宗旨的民间慈善活动,以及单位内部的邻里互助行为等传统一直延续与演进下来。总体而言,这种互助养老模式历史比较悠久,组织形式相对简单,老年人和社会成员接受度较高,是目前我国普遍采用的一种社会助老模式。

从各地实践情况而言,我国的志愿互助养老模式又可以分为两种形态。一种是组织化的居民志愿互助养老模式,一种是邻里间的志愿互助养老模式。组织化的志愿互助养老是指依托社区养老服务设施、老年人家庭、基层老年社团、老年社会组织等,有组织地为老年人提供帮助与活动的互助养老模式。这一模式一般由政府部门或由基层群众(如社区居民委员会、社会团体、社会组织等)进行组织,主要是为了让老年人之间能够相互关心、相互照顾,或进行精神慰藉。例如青岛的社区互助养老点、克拉玛依市的"老友关爱圈"、北京的爱众慈孝家园养老服务中心、深圳福田区的"老伙伴志愿行"项目等均属于这种模式。邻里间的志愿互助养老是指邻里之间按照居住地就近、就便原则形成的低龄老人照顾高龄老人、健康老人照顾疾病老人的互助养老模式。这一模式多由居民、村民自发组织(也会由居委会、村委会发起),通过结对子等方式,组成邻里互助养老服务小组,提供卫生安全、家务料理、生活陪护、精神慰藉等多项服务。[1] 例如上海的"老伙伴"计划、苏州姑苏区的"银龄1+1"结对帮扶、兰州西固区的"老老"互结对等属于这种模式。

二、时间银行互助养老模式

时间银行又称"时间储蓄""时间爱心银行""劳动银行"等,指的是一种基于时间等值规则,人们年轻时为老服务存储时间,年老时需要服务兑换

---

[1] 杨国军、刘素婷、孙彦东:《中低收入老年群体互助养老的实现与供给侧结构性改革》,《改革与战略》2017年第8期。

时间的交换机制。简言之,当人们在服务老人时付出了一个单位的时间,就可以将其转化成一个时间货币存储在时间银行之中,等到自己需要养老服务时就可以使用储存在时间银行之中的时间货币进行兑换。时间银行互助养老模式最早产生于国外,其雏形为1973年在日本创办了"志愿者劳动银行",而时间银行真正的系统实践则是在美国①。随后,时间银行在世界范围内不断发展壮大,目前,已经约超过30个国家、地区建立了时间银行。

在我国,上海市虹口区提篮桥街道晋阳社区居委会、山西太原市电信局、北京市朝阳区潘家园松榆里第一居委会先后于1998年和1999年开始探索时间银行模式,鼓励低龄老人为高龄老年人提供互助服务。2000年以后,一些其他城市也探索实施了时间银行互助养老模式。2012年以来,随着《城乡社区服务体系建设规划(2016—2020年)》《志愿服务条例》《关于推进养老服务发展的意见》等一系列支持性政策文件的出台,我国时间银行互助养老模式的探索也得到持续推进。南昌市东湖区、南京市、无锡市梁溪区、北京市等地的时间银行制度逐渐建立起来。据统计,目前我国已有100多个城市进行了时间银行项目的试点(如表1-1所示)。时间银行在地理空间上也开始从东部向中西部,由城市地区向农村地区扩散,服务对象与内容也日趋多元、多样,运营和服务的方式与手段也得到了创新发展。

---

① 1973年在日本创办了"志愿者劳动银行",为失业者创建了"再就业"的平台。失业者提供技能帮助需要帮助的人,服务一小时就可以获得代币报酬,由此形成了时间银行的雏形。时间银行的研究主要源自美国学者埃德加·卡恩(Edgar S. Cahn)。卡恩首先提出了"时间美元"(Time Dollars)的概念。卡恩认为以金钱货币作为工作的支付标准是存在缺陷的,由于每个人的劳动时间是等价的,每一种服务都可以被赋予时间货币价值,因此将时间货币作为新的工作衡量标准具有可行性。在时间美元的概念之上,卡恩进一步提出了时间银行的运作理念。当人们在帮助他人的活动上付出了一小时,就可以将其转化成一个时间货币存储在时间银行之中,等到自己需要服务时就可以使用储存在时间银行之中的时间货币进行兑换。在约翰逊基金会的资金支持下,1990年美国第一个时间银行在佛罗里达州迈阿密建立。为了尽可能向所有的时间银行提供服务指导和进行信息记录与交互,1995年卡恩又创立了美国时间银行网络平台,并且在美国时间银行网络平台后,许多州都开始了时间银行的探索。

我国城市互助养老实践的案例研究

表 1-1　我国部分地区时间银行建立时间表

地区	建立时间
上海虹口区提篮桥街道晋阳社区	1998 年 4 月
北京朝阳区潘家园松榆里	1999 年初
广东广州市寿星大厦	1999 年 11 月
北京丰台区大红门街道石榴园南里社区	2004 年 2 月
江苏南京市建邺区滨湖街道兆园社区	2005 年 8 月
安徽省黄山市屯溪区老街街道老街社区	2006 年 10 月
广东广州市越秀区洪桥、广卫街、光塔街	2009 年 11 月
甘肃兰州市城关区白银路街道甘家巷社区	2010 年 10 月
湖南长沙市长沙县星沙街道望仙桥社区	2011 年 3 月
河南郑州市金水区南阳新村街道	2011 年 12 月
山东潍坊市奎文区东关街道苇湾社区	2012 年 6 月
四川广元市利州区东坝街道陈家壕社区	2012 年 7 月
湖北武汉市夕阳春大观园志愿服务总队	2013 年 9 月
浙江温州市鹿台区松台街道菱藕社区	2013 年 6 月
广东广州市南沙区珠江街道	2013 年 10 月
浙江金华市婺城区城东街道八咏楼社区	2013 年 11 月
湖南衡阳市石鼓区青山街道	2014 年 1 月
河南新乡凤泉区五陵村	2015 年 4 月
江西南昌市东湖区	2017 年 10 月
山东烟台市莱州市沙河镇路旺原家村	2017 年 10 月
江西赣州市大余县水南村	2018 年 3 月
广西南宁市青秀区新竹街道新竹社区	2018 年 9 月
陕西西安市莲湖区	2019 年 3 月
江苏南京市	2019 年 7 月
贵州遵义红花岗区长征街道黄泥坡社区	2019 年 10 月
广西柳州市柳城县城北社区	2020 年 3 月

续表

地区	建立时间
山东青岛市	2020年4月
江西抚州市临川区西大街街道	2021年12月
四川自贡市沿滩区	2021年8月
北京市	2021年12月
江苏无锡市梁溪区	2022年3月

资料来源：作者根据相关资料统计制作。

三、积分互助养老模式

积分互助养老指的是将各类为老服务或活动按照一定标准折算成积分，当老年人或社会成员参与这些服务或活动时可获得相应积分，积分达到一定数额后可以用来兑换家务清洁、日常照料、护理保健、精神关爱等各类服务或产品的互助服务模式。由于许多地方在实践过程中将一些商品交换的理念注入积分互助养老的规则中，如积分可以兑抵生活物资、购物券、消费折扣等，使得这一模式相较于其他互助养老模式，具有一定的商业属性。同时，积分兑抵内容与方式的多样性也使得参与这一互助养老模式的人在服务过程中更具选择性、自主性。

从发展的过程而言，相较于志愿互助养老模式和时间银行互助养老模式，虽然作为一种新型的互助养老模式，积分互助养老模式在我国产生的时间较晚，但凭借其交换过程中的激励性和及时性，近年来这一模式在我国的发展非常迅速，许多地区都对这一模式进行了探索与实践。例如西安的"暖分助老"互助项目、长沙雨花区的"共享奶奶"工作站、东营市经济技术开发区的"银龄"互助项目、兰州新区新安社区的"道德积分+循环养老"、攀枝花西区清香坪街道的"爱心储蓄站"志愿服务等都属于这种模式。

第二章 南京养老服务时间银行的探索与实践

第一节 南京养老服务时间银行的发展历程

一、南京养老服务时间银行的萌芽时期

南京是全国最早进行人口老龄化的城市之一。根据第七次全国人口普查数据显示，全市常住人口中，60 岁及以上人口和 65 岁及以上人口分别已达 176.8 万人和 127.6 万人，占比为 18.98% 和 13.7%。与此同时，南京也是我国探索时间银行互助养老模式较早的地区之一，早在 2005 年，南京市建邺区滨湖街道兆园社区就由社区居委会发起建立了全市第一家时间银行。通过关注弱势群体和社区居民生活服务需求，吸纳社区内外热心居民作为会员，以"服务换服务"的邻里互助理念，提供家庭清洁、家电维修、健康咨询、社区教育、心理咨询、购物陪诊、纠纷调解等社区居民基本生活服务。2008 年，兆园社区时间银行运行三年后在滨湖街道又建立了 7 家"分行"，时间银行的"储户"已涵盖教师、律师、老年人、学生、社区工作者、水电电器维修工等各个职业和类型的人群，达到 1800 人，累计存储服务总时间超过了 2 万小时。

伴随着南京人口老龄化趋势的日益加剧和社会养老服务需求的不断提升，南京市时间银行的探索逐步聚焦于养老服务领域。2014 年，南京市栖霞区尧化门街道成立了姚坊门慈善基金会，并以此为依托建立了街道统一的

"姚坊门时间银行"项目,在辖区内13个社区推广实施。姚坊门时间银行通过政府购买服务和基金会扶持的方式和参照商业银行的理念予以运作。志愿者主要针对街道范围内的老年人,通过奉献志愿服务,累积与记录服务时间,兑换相应时间服务和获得一定物质回馈①。除了栖霞区尧化门街道以外,这一时期秦淮区大阳沟社区也于2014年9月推出了时间银行志愿服务项目,使南京市时间银行的探索范围进一步扩宽。

二、南京养老服务时间银行的建立时期

为更好地继承和发扬中华尊老、敬老、爱老的优秀的文化传统,促进互助养老模式发展。2018年10月,南京市鼓楼区在总结和借鉴各方经验与实践的基础上,大力整合社会志愿服务资源成立了南京市首家区级通存通兑时间银行。鼓楼区时间银行以志愿为老服务的时间为储蓄单元,通过信息化的方式对志愿者服务的时间进行记录与存储,为其年满60周岁后需要养老服务时所支取使用。尤其是在政府主导之下,设立了区级时间银行管理中心以及各街道时间银行网点,将全区分散的驻区单位、社区居家养老服务中心、养老院的站点与机构等都纳入统一管理的范围,并得到了社会中各年龄、各行业、各阶层人群的广泛关注和积极参与。截至2019年6月,鼓楼区时间银行共招募时间银行志愿者1600余人、直接服务对象超过4000人,总存储时间达到5600多小时。

在鼓楼区时间银行试点的基础上,2019年7月,南京市政府印发了《南京市养老服务时间银行实施方案(试行)》(宁政办发〔2019〕38号)。同年12月,南京市民政局制定了《南京市养老服务时间银行系列标准(试行)》(宁民养老〔2019〕188号)。同月,南京市正式建立了全国首个市级层面的养老服务时间银行,并在全市12个区、24个街道、247个社区启动了首批试点。经过三

---

① 姚坊门时间银行采取了"721"志愿者获益模式,即70%的时间存入时间银行用以兑换相应的志愿服务时间、20%的时间可在街道慈善超市兑换生活物品、10%的时间可以兑换现金补助。

年的建设与发展,南京市养老服务时间银行已推广到全市,已在1272个社区建成1362个服务点,服务订单数量达到54万多单,总时长超过32万小时,形成了独具特色的"政府主导、通存通兑、权威统一"以及"统一管理、统一标准、统一平台"的管理、运行和服务模式,为我国时间银行的探索与实践开辟了一条新的发展路径。

第二节　南京养老服务时间银行的运行方式

总体而言,南京养老服务时间银行主要通过志愿者与服务对象的核准、服务项目的确立、服务的供给与时间的存储、积累时间的兑换四个环节搭建了整个时间银行的运行链条。

就志愿者的申请与审核而言,南京养老服务时间银行的志愿者主要分为个人志愿者和团体志愿者。个人志愿者的基本条件为年满18周岁、有公益服务精神、有从事养老服务的时间、身体健康、无个人信用不良记录和严重违法记录。提供专业服务的志愿者须持有国家有关部门颁发的职业证书。团体志愿者的基本条件为:有独立法人资格(信用等级在A级以上,不得开展涉嫌诈骗或非法集资活动)的团体。成为养老服务时间银行的志愿者(包括团体志愿者)需在全市统一的养老服务时间银行系统平台("我的南京"APP)线上注册。志愿者通过申请、培训、考核三个环节后,便可在时间银行系统平台开通养老服务时间银行账户[①]、领取订单和提供服务。

---

① 时间银行账户分为个人志愿者账户和团体志愿者账户。个人志愿者账户是以本人身份证号码为按账户开设的时间银行账户,分为基本账户和捐赠账户。基本账户的时间来源于政府直接给予或者为存有时间的老年人提供服务所得。基本账户上限为1500小时。基本账户的时间只能兑现服务。当志愿者因户籍迁离南京市时,作为申请现金补助的依据。捐赠账户的时间是指基本账户超出1500小时后溢出的时间,不能作为申请现金补助的依据。团体志愿者的统一社会信用代码为该团体志愿者账户号。团体志愿者开展的时间银行服务获得的时间,先期记录到团体志愿者账户并同步存入到公共账户作为捐赠。

截至2022年12月底,南京市养老服务时间银行已申请注册的个体志愿者共有64085人,其中45019人通过审核与考核成为正式志愿者可参与志愿服务活动,占个体志愿者注册总量的70.25%。从性别来看,正式志愿者中男性志愿者16535人,占比36.73%;女性志愿者28484人,占比63.27%。从年龄来看,正式志愿者中20岁以下共有411人,占比0.91%;20—39岁共有23458人,占比52.11%,多为大学生及社区工作人员;40—59岁共有15660人,占比34.79%,多为社区内原有的志愿者、社区网格员及社区内工作的各类人员;60—79岁共有5441人,占比12.09%;80岁及以上共有49人,占比0.11%。从活跃度来看,时间银行活跃志愿者为13300人(至少提供过1次服务),占志愿者总数的31.3%;高活跃度志愿者(接单高于66单,即平均每周提供至少1次服务)共计2339人,占志愿者总数的5.2%。此外,养老服务时间银行已通过注册的团体志愿者共有198个。

表2-1 南京养老服务时间银行志愿者的权利和义务

志愿者拥有的权利	志愿者履行的义务
知悉志愿服务对象和即将开展的服务内容的真实、准确、完整的信息,以及可能存在的风险的权利	严格遵守国家、省、市相关法律法规规定
接受服务点培训的权利	遵循自愿、无偿、平等、诚信、合法的原则,不得违背社会公德、损害社会公共利益和他人合法权益,不得危害国家安全
享有时间银行相关奖励的权利	按约定时间和内容为老年人提供服务,不得无故取消
按规享有时间银行个人账户管理处置权	遵守时间银行的各项规定
享有国家、省、市相关法律法规规定的其他权利	

资料来源:根据调查资料整理所得。

就服务对象的申请与审核而言,养老服务时间银行的服务对象主要为60周岁以上且存有时间的老年人、80周岁以上空巢独居老年人以及60—79周岁低保家庭中失能半失能的空巢独居老年人及农村留守老年人。符合条件的老年人须在养老服务时间银行系统平台进行申请注册为时间银行服务对象。老年人通过信息比对审核、签订服务协议后,便能完成注册,接受养老服务时间银行志愿者提供的相关服务。截至2022年12月底,南京养老服务时间银行注册服务对象81587人,其中通过审核的服务对象78504人,占注册总量的96.22%。从性别来看,通过审核的服务对象中男性35699人,占比45.47%;女性志愿者42805人,占比54.53%。从年龄来看,通过审核的服务对象中60—69岁的共有7145人,占比9.1%;70—79岁共有12029人,占比15.32%;80岁及以上的共有59330人,占比75.58%。从身份来看,通过审核的服务对象中低保人员共有2558人,占比3.26%;一般人员共有75946人,占比96.47%。

表2-2 南京养老服务时间银行服务对象的权利和义务

服务对象拥有的权利	服务对象履行的义务
服务对象有权了解志愿者的年龄、学历、性别、技能等基本信息,以及服务过程中可能存在的风险	严格遵守国家、省、市相关法律法规规定
服务对象信息受到法律保护,未经服务对象本人或委托人允许,不得公开服务对象信息	服务对象应当根据时间银行服务的相关规定,如实提供个人基本信息、疾病情况和服务需求信息
国家、省、市相关法律法规政策规定的其他权利	服务对象应该积极配合民政部门或其委托的第三方对生活自理能力状况开展评估
	无志愿者承接的服务单,服务对象应配合时间银行合理调整服务内容和服务时间
	服务对象应当尊重志愿者的劳动和人格尊严
	服务对象应当为志愿者服务提供必要的服务条件

资料来源:根据调查资料整理所得。

就服务项目而言,养老服务时间银行提供的服务主要围绕助餐、助医、助浴、助洁、助急等内容可分为非专业服务和专业服务两大类(如表 2-3 所示)。非专业服务主要包括:上门送餐、帮助购买日常餐饮用品;陪同就医、按医嘱代为取药和购买药品;联系居家养老服务站点接送老年人洗澡;清洁面部和足部、梳头、剪甲、打扫室内卫生、洗衣物;精神慰藉、日常生活应急协助;免费学用智能手机等。以上服务所有志愿者均可提供。专业服务主要包括:喂水、喂食;生命体征监测、安全护理、口腔护理、压疮预防及护理、留置尿管的护理;洗澡;理发、翻身、床上移动、床上使用便器、会阴处理、失禁护理、吸痰;精神慰藉和心理咨询;为临终老年人提供安宁关怀服务等。以上服务须持有相关资质证书的志愿者提供。

表 2-3 南京养老服务时间银行非专业服务类别与项目

服务类别	非专业服务	专业服务
助餐服务	上门送餐、代买日常餐饮用品	喂水、喂食
助医服务	陪同就医、按医嘱代取药和购药	生命体征监测、安全护理、口腔护理、压疮预防及护理、留置尿管的护理
助浴服务	联系服务站点接送老年人洗澡	洗澡
助洁服务	清洁面部和足部、梳头、剪甲、打扫室内卫生、洗衣物	理发、翻身、床上移动、床上使用便器、会阴处理、失禁护理、吸痰
助急服务	精神慰藉、日常生活应急协助	精神慰藉和心理咨询
其他服务	免费学用智能手机	安宁疗护

资料来源:根据调查资料整理所得。

就服务流程而言,养老服务时间银行的服务流程主要可以分为需求申请、供需匹配和服务提供三个环节。首先,符合向政府申领时间条件的老年人(80周岁以上空巢独居老年人以及 60—79 周岁低保家庭中失能半失能的空巢独居老年人及农村留守老年人)可以向养老服务时间银行提出服务需求申请①,并通

---

① 凡通过评估的符合向政府申领时间条件的老年人,可根据自身需要每周向市级时间银行提出申请,每周申请时间不超过 3 小时。

过手机"我的南京"APP根据需求进行下单(也可通过直系亲属或委托人代为发单)。60周岁以上存有时间的老年人可在存储时间额度内通过手机"我的南京"APP根据需求进行下单(也可通过直系亲属或委托人代为发单)。其次,服务下单后,养老服务时间银行将通过志愿者主动接单的方式与老年人的订单进行供需匹配。再次,志愿者在接到服务订单后,养老服务时间银行会通过系统平台提前将相关服务信息推送至服务对象和志愿者,以示提醒。提供服务时志愿者需穿着全市统一的养老服务时间银行制服和佩戴工作证,现场通过服务定位、人脸识别等方式开始服务。服务结束后,志愿者通过手机结束服务,系统会将服务时间划入志愿者个人账户(今后服务兑换使用),并展开志愿者与服务对象的双向评价(如图2-1所示)。

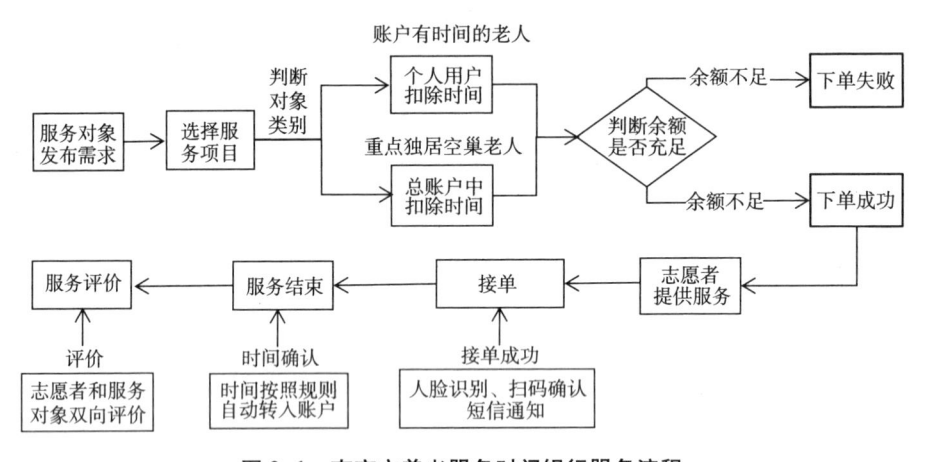

图2-1 南京市养老服务时间银行服务流程

目前各类服务的提供中,老年人需求和供给量最大的是助洁服务,总共29675单,占比36.78%,其中下单3次及以上有19042单,占比23.6%。助餐服务总共21653单,占比26.84%,其中下单3次及以上有14024单,占比17.38%。助急服务总共18690单,占比23.17%,其中下单3次及以上有10115单,占比12.54%。另外,助医服务和助浴服务需求和供给量相对较小(如表2-4所示)。

表2-4 南京养老服务时间银行服务项目供给情况

服务项目	下单1次 单数（单）	下单1次 占比（%）	下单2次 单数（单）	下单2次 占比（%）	下单3次及以上 单数（单）	下单3次及以上 占比（%）
助餐	4614	5.72	3015	3.74	14024	17.38
助医	4815	5.97	2035	2.52	3002	3.72
助浴	537	0.67	130	0.16	151	0.19
助洁	6291	7.8	4342	5.38	19042	23.6
助急	5558	6.89	3017	3.74	10115	12.54

数据来源：根据调查数据整理所得。

就时间的兑换规则而言，养老服务时间银行的个人志愿者一方面可以将自己存储的时间积攒下来留作以后年老使用；另一方面可以将存储的时间赠送给直系亲属（包括60周岁以上的配偶、父母、祖父母、外祖父母、子女）或捐赠给"公共时间池"①，让自己的直系亲属和其他所需人群在没有储蓄时间的基础上享受养老服务时间银行带来的服务（个人志愿者时间银行账户的存储上限是1500小时）。另外，养老服务时间银行还将活跃志愿者纳入激励范畴。对达到一定时间积分的志愿者或被评为"优秀时间银行志愿者"的人员②，可享受在一定年度内或一定次数免费游览市属文博场馆、景区公园，乘坐地铁公交优惠，以及享受加入时间银行的餐饮店、商场、超市、理发店、洗衣店等所提供的免费或优惠服务等关爱措施。如果个人志愿者因户籍迁离、学业期满、工作变动等原因离开南京并退出养老服务时间银行时，凭相关有效证明，也可享有个人基本账户对应上年末市人社部门公布的非全日制小时工工资标准

---

① "公共时间池"是指根据市政府投入养老服务时间银行专项基金的数量及社会力量捐赠资金的捐赠量，按照每年南京人社部门公布的最新的非全日制小时工工资，换算成给符合条件的服务对象发放的时间总量。公共时间池主要用于符合政府免费发放时间的服务对象下单；另在特定条件下，由市民政局按规定统一调配使用。

② 2022年5月，南京养老服务时间银行实施志愿者星级管理，志愿服务时间累计达到100、300、600、1000、1500小时的，可获评为1—5星级志愿者，

10%的补助(补助上限为1500小时)。此外,养老服务时间银行的团体志愿者可以通过志愿服务将其时间捐赠给"公共时间池",用于符合政府免费发放时间的服务对象下单。

第三节　南京养老服务时间银行的主要特点

一、政府作用多层面得以发挥

(一) 政府构建了制度化的管理体系

一方面,南京市政府成立了由市政府主要领导任组长,分管领导任副组长,市民政局、发改委、公安局、卫健委、大数据管理局、财政局等相关部门,各区政府主要领导任成员的养老服务时间银行推进领导小组。养老服务时间银行推进领导小组办公室设在市民政局。市民政局牵头养老服务时间银行总体运行;市民政局、市大数据管理局负责搭建养老服务时间银行管理信息平台;市发展和改革委、市公安局负责提供相关信用、违法记录信息;市卫健委加强对志愿服务中涉及老年疾病防治、老年人医疗照护、老年人心理健康与关怀等老年健康服务的业务指导;市人社局加强对志愿者培训的指导;市财政局负责提供养老服务时间银行经费保障;市委宣传部(文明办)负责对养老服务时间银行进行宣传,并纳入全市统一的志愿服务奖励体系;市司法局加强对养老服务时间银行发展过程中的法律指导;市慈善总会负责养老服务时间银行基金管理,向社会募集资金;其他部门根据各自职责做好相关工作。

另一方面,市和各区民政局分别建立了市级和区级养老服务时间银行管理中心[①]。其中,市养老服务时间银行管理中心主要职责为:全市养老服务时

---

① 目前南京市民政局主要委托南京养老志愿服务联合会具体承接市级养老服务时间银行管理与服务工作。

间银行的制度设计;管理全市养老服务时间银行运行系统;组织实施养老服务时间银行标准化、信息化、法制化建设,开展相关培训;指导各区开展志愿者注册、服务存储、兑换等工作;协调市财政局按期拨付养老服务时间银行专项基金所需经费,并指导经费的管理使用;根据养老服务时间银行专项基金的总额,及时申请、审核、审批时间池的时间额度;养老服务时间的发放管理;评估、监管养老服务时间银行运行绩效等。区养老服务时间银行管理中心主要职责为运营区级养老服务时间银行运行系统,如协调落实本区养老服务时间银行管理中心的运营事宜;制定养老服务时间银行配套文件,具体落实养老服务时间银行标准化、信息化、法制化建设,开展相关培训;指导、督促街道养老服务时间银行服务点运营工作;向市养老服务时间银行管理中心申请发放时间;购买养老服务时间银行服务志愿者和服务对象保险,降低服务风险;配备马甲、工作证、服务包等志愿者开展服务时的必需品;评估养老服务时间银行服务点运营情况,监管养老服务时间银行服务点建设和运营经费使用情况;本区域内养老服务时间银行宣传工作;负责本区域内时间银行安全运营工作,处理相关投诉等。

再一方面,各街道(乡镇)和社区(村)又分别依托养老机构和社区居家养老服务中心设立了养老服务时间银行服务点。街道养老服务时间银行服务点主要履行开展辖区内重点空巢独居老人的评估;向辖区居民宣传养老服务时间银行工作;指导和组织开展志愿者和服务对象注册、服务存储、兑换等工作;协调解决社区和街道养老服务时间银行服务点运营中的具体问题;做好志愿者和服务对象培训工作;安排工作人员对志愿者首次上门服务进行陪同;做好养老服务时间银行异常订单的处理及日常订单的跟踪反馈工作;协调服务对接、处理矛盾纠纷和安全问题,及时上报突发事件等职责。社区养老服务时间银行服务点主要履行做好政策宣传、信息收集及整理、数据统计及上报等工作;协助老年人注册、发布服务需求;指导市民注册时间银行志愿者。

此外,南京市还将养老服务时间银行纳入社区居家养老服务的政策内容之中,将养老服务时间银行作为社区居家养老服务一类重要的补充,并与社区居家养老服务机构的等级评定与补贴奖励相挂钩,确保了养老服务时间银行项目的重视度与执行率。

(二) 政府提供了较为充足的资金保障

一方面,为强化政府的兜底责任、增强民众的参与信心,养老服务时间银行在成立之初,南京市政府便设立了养老服务时间银行专项基金(委托市慈善总会设立),市财政注入1000万资金,社会募集了150万元,用于防范养老服务时间银行项目运营风险,为养老服务时间银行的发展提供了较为有力的财力支撑。正如南京市养老服务时间银行负责人所言:"南京市市政府所提供的这1000万资金对于时间银行的发展至关重要,一来为志愿者退出时提供了一定的补助,解除了我们的后顾之忧;二来也为这些养老服务志愿时间的货币兑换起到了担保,为时间银行的持续发展兜了底。"(NM13-20211210)另一方面,为降低养老服务时间银行的服务风险和增加运营机构的服务动力,各区也安排了专项资金,主要用于为养老服务时间银行订单购买意外保险,为各级管理中心与服务站点运营、管理给予一定的支持。

(三) 政府加强了时间银行的服务监管

一方面,南京市政府办公厅出台了《南京市养老服务时间银行实施办法(试行)》(宁政办发〔2019〕38号)以及《关于进一步完善我市养老服务"时间银行"体系建设的通知》(宁政办发〔2022〕24号),南京市民政局也制定了《各级时间银行职责及相关工作要求》《时间银行志愿者、服务对象的基本条件、权利义务及准入和退出办法》《时间银行服务项目及服务流程》《南京市养老服务时间银行专项基金管理办法(试行)》等系列标准,为养老服务时间银行的服务规范提供了政策保证。

另一方面,政府还建立纵向一体的考核体系和奖罚分明的奖惩办法。在养老服务时间银行服务考核上,市养老服务时间银行负责对区养老服务时间银行进行考核,区养老服务时间银行具体负责对各街道、社区服务站点进行考核,并将结果上报至市养老服务时间银行,市养老服务时间银行视情况进行抽查。考核内容包括:配套养老服务时间银行政策文件出台与实施、养老服务时间银行工作的宣传与推广、工作试点资金投入与使用等机制建设情况;个体志愿者、志愿者团体、接过订单的志愿者比例;服务对象注册量、政府免费发放时间对象、发布过需求的服务对象之比例;挂牌服务点、设施设备配备到位服务点、服务点兼职人员到岗比例;投诉率和好评率等。在养老服务时间银行奖惩管理上,南京市和各区每年会依据综合评价定期评选优秀养老服务时间银行个人志愿者、服务站点。市和区民政局审核后通报表扬,并给予荣誉及奖励。而志愿者、服务对象、服务站点如在养老服务时间银行服务过程中存在不诚信、弄虚作假、违规违纪等行为,也会得到取消时间银行志愿者与服务对象资格、取消社区居家养老服务中心或养老机构养老服务时间银行服务点的资格等惩罚。此外,为了强化时间银行的服务质量的控制,市民政局还采取了网络监管的方式,通过定期调取与检查养老服务时间银行系统平台中的数据运行信息,及时掌握服务的开展与评价情况,实现了养老服务时间银行的实时与精准监管。

二、社会资源实现整合与增能

（一）社会资源的广泛吸纳,扩充了养老服务提供力量

一方面,养老服务时间银行通过广泛的社会宣传与动员、服务时间兑换、评优评奖与精神鼓励等措施,吸纳和汇集了包括医疗、教育、公务员、法律、金融、餐饮、科技、文艺、农业、房地产等领域各行各业的从业人员申请成为服务志愿者,开展志愿养老服务;另一方面,自2020年11月开始,养老服务时间银行开始接纳团体志愿者注册。截至2022年12月底,南京全市已有198家团体志愿者在平台上注册通过审核。如桠溪镇观溪社区扶贫帮困志愿者服务中心、椿熙关爱团、漆桥中心小学志愿团队、鼓楼医院、鼓楼区卫健委等。此外,养老服务时间银行还通过其搭建的个人志愿者的熟人网络、营造的企业社会

形象等优势,吸引一些企事业单位(尤其是与老年人日常生活息息相关的企业)也积极地参与到养老服务时间银行的服务提供以及志愿者保障之中,进一步壮大了养老服务时间银行的服务力量。

(二) 个体力量的积极参与,增强了养老服务的提供能力

一方面,为了使各行各业的志愿者具备从事养老服务的基本技能,南京养老服务时间银行在志愿者开始注册时就会对他们进行岗前培训。培训的内容包括:时间银行的基本规则、志愿者权利义务、信息系统使用、服务基本要求、突发事件应急处理等。另一方面,为了让服务呈现出高质量发展的趋势,南京养老服务在做好岗前培训的同时,还会定期开展服务技能培训和服务答疑交流会,对老年人的一些基本服务项目(如养老护理、老年人照护精神慰藉、老年人紧急救护服务等)的基础知识、服务技巧、服务常见问题,服务注意事项等进行培训。此外,志愿者也会在养老服务时间银行服务的提供中进行自我学习和经验积累,在养老服务的实践中提升服务能力。正如南京鼓楼区 HF 社区养老服务时间银行服务点负责人所言:"我们这里的时间银行志愿者主要是社会爱心人士,在经过一些培训和志愿服务工作后,现在都具备一定的养老服务水平,除了一些专业性较强的服务不能干之外,那些比较简单和常用的养老服务他们都能干,快达到护理员的水平了。"(NM14-20211209)

(三) 志愿活动的不断赋能,促成了养老服务的人才转化

一方面,南京养老服务时间银行通过一系列培训活动,以及养老服务志愿服务的培养,促使许多志愿者(特别是青年群体)开始关注养老服务领域,并投身于养老服务行业,扩充了养老服务的专业化人才队伍。据南京市养老服务时间银行管理中心统计,仅 2019 年建立全市统一的养老服务时间银行的第一年参与过养老志愿服务的应届毕业生中有约 10%的人选择养老行业相关就业;南京养老服务时间银行服务点内的常态化志愿者中,有约 5%的志愿者加入养老行业成为居家养老的专职人员。另一方面,一些企业(如地产公司、

房产公司、医疗机构等）依托其参加养老服务时间银行养老服务的员工,加深了对老年人生活习惯、服务需求、经济状况等基本情况的了解,开辟了专门针对老年人的产品与服务,拓展了养老服务的业务范围,从而从市场端增加养老服务的供应力量。

三、系统平台推动高效能运行

(一) 建立智慧化的养老服务时间银行信息系统

为了保证养老服务时间银行的高效运行,南京市在惠民公共服务移动应用软件"我的南京"APP中增设了专门的"时间银行"功能模块,并以此为载体开发了全市统一的养老服务时间银行系统平台。此系统汇集了志愿者申请、老年人服务需求发布、服务下单功能以及志愿者接单和机构派单等功能,服务需求者和服务提供者在一个系统平台上可以即时一体化完成注册、下单、接单、服务评价等任务。为了方便老年人和志愿者使用,养老服务时间银行系统平台的APP的操作采用了适老化设计,如语音录入、屏幕放大、读屏等功能,支持多用户高并发同时在线操作。并且,系统平台还整合了民政、卫健等部门的资源与信息,在服务对象申请服务时,可以将老年人的身份类别及其享受的待遇自动识别出来。这样老年人可以无障碍使用信息平台的各项服务,最大限度实现了养老服务时间银行服务供需之间的智能、快速对接。

(二) 加强了养老服务时间银行信息系统安全管理

一方面,养老服务时间银行信息平台服务器由南京市大数据管理局统一监管和维护。严格规范了数据库的安全审核、操作步骤及检查流程。数据库实行专人负责、多级审核、权责匹配、定期检查,保障了操作使用安全。并且,养老服务时间银行信息系统的运行还采用区块链的理念与技术,保护了用户个人隐私信息,降低了用户个人账户时间储蓄风险。另一方面,南京市大数据管理局还与其他政府部门和单位,如公安、发改、人社、民政等部门进行数据实

图 2-2　南京养老服务时间银行系统平台部分功能

时对接与交换,为养老服务时间银行的业务开展提供多渠道数据比对。如在志愿者申请时,将一些具有违法和失信记录的个人与组织排除在外,确保了志愿者队伍的安全可靠,加强了服务供给的风险控制。

第四节　南京养老服务时间银行的发展成效

一、实现了养老服务的公益性供给

南京养老服务时间银行从 2004 年社区层面的萌芽,到街道层面和区级层面的实践,再到 2019 年全市的统一管理,经过多年的发展已经形成一种政府主导下社会资源广泛参与的志愿养老服务模式,在很大程度上促进了养老服务的公益性供给。

总体而言,养老服务时间银行在建设与运行过程中,政府始终发挥了主导性作用。南京市政府所建立的多部门协同管理的推进领导小组,"市—区—街—社"分层负责的纵向管理体系,以及与社区居家养老服务供给相挂钩的评级奖补政策,为养老服务时间银行项目的实施奠定了强有力的组织支撑。与此同时,市财政所设立的1000万元专项基金,各级政府所投入的资金支持,更为养老服务时间银行的日常运营、志愿服务的时间兑换以及社会力量参与积极性的提升提供了充足的资金保障。此外,政府通过制定一系列政策与标准,依托养老服务时间银行系统平台数据,加强了养老服务时间银行与志愿服务的管理与监督,确保了养老服务时间银行的规范化、流程化、安全化运行。

在政府的多层面支持下,养老服务时间银行以各类养老机构和社区居家养老服务机构为载体,广泛吸纳社会上来自各行各业的志愿者(如社会个人、社会组织、政府企事业单位等),开展助餐、助医、助浴、助洁、助急等志愿性养老服务。一方面,来自不同领域的志愿者的加入,为养老服务的提供添加了大量的人力资源,拓宽了服务范围;信息化和智能化的匹配与管理方式,使得老年人接受养老服务十分便捷和快捷,社会养老服务的可及性得到提升;另一方面,新型的"服务提供—时间储存—服务兑换"的志愿交换模式改变了传统的"服务提供—货币支付"有偿交易模式,养老服务可以通过志愿服务方式进行无偿提供,使得那些经济水平较低、生活条件较差的老年人也能够免费获得相关服务。另外,志愿者对养老机构或是社区居家养老服务机构的无偿助力,也在很大程度上节省了服务的成本,补充了社会其他专业的服务,丰富了老年人享受的服务内容。再一方面,志愿者所提供的志愿性养老服务与养老机构或社区居家养老服务机构所提供的专业化的养老服务相互配合,使得老年人可以依据其自身需求的层次与水平选择适合服务,进而又保证了社会养老服务的适宜提供(如图2-3所示)。

二、助力了养老产业的快速发展

南京养老服务时间银行依托政府的各类支持信用背书,吸引了大量的个

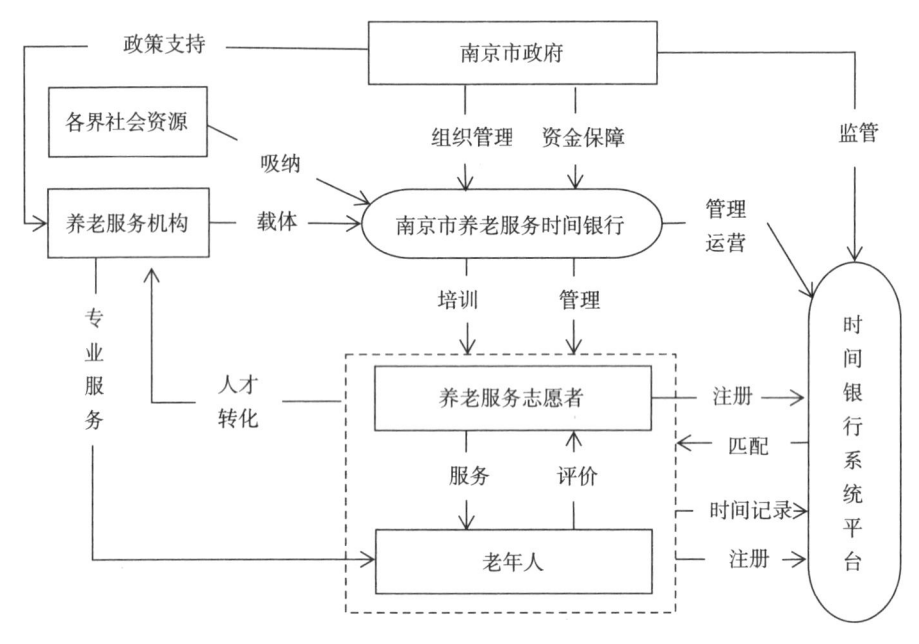

图 2-3　南京时间银行养老服务的供给路径

人志愿者及团体志愿者加入养老服务时间银行参与志愿服务。同时,养老服务时间银行充分发挥资源链接功能,广泛吸纳各类社会组织、企事业单位、社会团体、高校等社会和市场资源,对接多领域、多行业,通过政府搭台、双向互惠、多方受益的方式,推动了养老产业的快速发展。

养老服务时间银行的个人志愿者大都来自社区中的热心民众,这些志愿者对社区中的老年人情况比较了解,往往也与老年人之间建立了比较亲近和稳固的信任关系。志愿者在开展为老服务的同时,除了为老年人提供非专业化的服务,如果遇到一些自身无法提供的专业化的服务需求,可以凭借自身所接受的培训知识、关系网络,以及所依托的服务组织,为老年人推荐和介绍一些适合的专业养老服务机构和养老产品与服务企业,这种通过志愿服务而实现的"引流"作用在养老服务时间银行的运行过程中十分频繁。与此同时,一些本身就从事养老服务的企业和机构,如江苏悦心养老产业有限公司、南京宝大健康管理有限公司、江苏瑞芝康健老年产业有限公司等,也会积极发动和鼓励其员工注册成为养老服务时间银行的志愿者,通过提供专业和优良的服务,间接宣传其机构服务与企业文化,获得服务对象的信任和青睐。待这些服务对象产生相关社区居家养老或是机构养老等服务需求时,可以自然地选择这些企业和机构获取服务,使参与养老服务时间银行的养老服务企业和机构获得更多的客源,推动其可持续发展。

江苏悦心养老产业有限公司参与南京养老服务时间银行案例

江苏悦心养老产业有限公司创立于2014年,是一家以居家养老服务为主营业务的多元化经营企业,产业涉及生活照料服务、医疗服务、文旅产品、老年用品及平台服务五大业务版块。截至2022年,公司有专职员工872人,已在南京、常州、镇江、广州、呼和浩特、乌海、蚌埠、宣城等地开设200余家连锁居家养老服务中心,养老院3家,年服务老年人数量达12.5万人。

早在2014年,江苏悦心养老产业有限公司就发起组建了"阿莱帮帮团"(名字取自南京方言)老年志愿者服务团队。"阿莱帮帮团"倡导的是邻里互助,志愿者以50—65周岁的低龄老人为主,并依托悦心每一个社区居家养老网点,为具有相关养老服务需求的老年人提供代买菜、陪聊天、探望、清洁等服务。2019年,随着南京养老服务时间银行的建立,江苏悦心养老产业有限公司又积极参与到养老服务时间银行的发展之中。一方面,将原有的"阿莱帮帮团"的志愿者迅速转化为养老服务时间银行的志愿者,开展互助养老服务,现养老服务时间银行志愿者已达3786人;另一方面,参与了南京市雨花台区区级养老服务时间银行运营管理业务,以及3个街道级养老服务时间银行服务点和80多个社区级时间银行服务点。通过参与养老服务时间银行,江苏悦心养老产业有限公司也在很大程度上促进自身的发展。正如公司负责人所言,"时间银行为我们的服务起到了很好的补充作用,一些简单服务的志愿化,也在一定程度上降低了我们的服务成本,并进一步拓展了我们企业的品牌。"

在其他行业领域养老服务时间银行的助推作用也十分明显,如中国人保财险在时间银行建设初期,率先开展时间银行志愿服务上门险开发与研究,首批捐赠3万名志愿者保险服务,保障养老服务时间银行初期安全良好运转。第二年相关部门就采购了中国人保财险的"志愿者上门责任险",推动了保险行业发展。此外,中国人保财险还依托养老服务时间银行扩大了企业增值业务。据统计,志愿者及其家属因养老服务时间银行志愿者保险而转购人保其他增值服务的比例占5%,极大地促进了保险产业和时间银行养老服务融合发展,达到了既为养老服务时间银行增能,又为保险公司开辟市场的效果。正大清江、南京先声再康、南京医药百信药房等药业公司为志愿者和服务对象捐赠防暑降温药品或者给予价格优惠,也以此进行数据采集,为医药研究及新药铺店提供了数据支撑。

三、促进了养老人才的双向转化

作为资源链接平台,养老服务时间银行不仅链接机构资源、服务资源,同样还充分链接各类人才资源,推动不同领域的志愿人员与不同行业的养老服务人才之间实现双向转化,提升养老服务人才的培育率与增长率。

具体而言,比如南京养老服务时间银行管理中心与南京中医药大学、南京航空航天大学等高校合作,将参与养老服务时间银行志愿服务纳入学分转换,很多高校学生用自己的专业知识为老年人讲解养生、法律、智能技术运用等知识,既是学生学习成果检验的过程,又为老年人提供了专业服务项目。很多学生因参与养老服务时间银行并存储服务时间而获得学校优秀志愿者等荣誉称号,激发了高校学生关注养老服务领域和加入养老行业的动力。据不完全统计,南京市大学生志愿者通过养老服务时间银行志愿服务而从事养老相关行业的转化率达10%。再如,北京链家公益基金会通过发展南京门店经理成为养老服务时间银行志愿者,为服务对象提供专业的房产防诈骗、智能手机使用、精神慰藉等服务,并通过养老相关的专业化培训,使得门店经理对老年人销售或者租赁房产的主要诉求有了更多了解,扩大了链家在老年房屋租赁、买卖方面的优势,同时也增强了链家平台的品牌宣传。养老服务时间银行还将百姓药房、先声药业发展成为团体志愿者,企业又将药房工作人员发展为养老服务时间银行个人志愿者。他们加入养老服务时间银行,帮助老年人代购药品、送药上门,为服务对象提供专业的生命体征检测等专项服务,扩充了养老服务的人才队伍。

第五节　南京养老服务时间银行的发展困境

在政府主导作用的强力推动及社会各界力量广泛参与之下,南京市养老服务时间银行已成为互助养老的推进器、志愿文化的孵化器、资源链接的大平台。但随着养老服务时间银行管理工作的不断深化,互助与养老志愿行为的持续开展,南京养老服务时间银行也在发展中遇到了一些困境。

一、行政资源的整合性不高

老年人生活与需求涵盖衣、食、住、行等方方面面,养老服务制度与供给包含的内容与领域也十分广泛。在实践中,南京养老服务时间银行工作涉及或需要对接的部门包括民政、发改、教育、文明、工信、公安、住建、商务、卫健、市场监管等单位,以及各区、街道、乡镇、村居、住区、物业等。由于各单位所承担的养老服务职责、业务不同,且对养老服务的态度与重视程度不一,造成了养老服务政策、系统、规则的碎片化,各部门之间决策、管理与执行的协调性联动性不足,信息与数据整合度不高。养老服务时间银行的建设与运行涉及政策与资金支持、设施与场地保障、项目的申请与开展、服务的培训与实施、市场的开发与维护、老年人与志愿者身份确认、各类服务的供需对接、服务供给的评估监管等内容都需要相关部门的支持与配合。而这些制度层面的碎片化问题,给养老服务时间银行增加了事务沟通与协调的难度,抬高了管理与运行的成本,降低了工作与项目实施的效率。

二、志愿者队伍结构不均衡

虽然经过近三年的发展与培育,南京养老服务时间银行已申请注册5万多名志愿者,志愿服务队伍已经初具规模。但从志愿者的结构来看,却存在着较为显著的性别、年龄、职业,以及活跃度的差异。绝大部分的志愿者为女性,而且多为养老机构、社区居家养老服务站点、街道社区工作的志愿者。男性志愿者,以及非公共部门和养老单位的志愿者数量较少。此外,活跃志愿者的数量也不够多,仅占志愿者总数的31.3%,高活跃度志愿者更是仅占志愿者总数的9.52%。老年人养老服务内容多样、需求量大、专业性强,对志愿者数量、体力、能力、价值观念要求往往较高。而这种志愿者队伍的结构性问题,会在很大程度上制约部分养老服务的充分和有效供给,进而影响养老服务时间银行的可持续发展。

三、志愿行为激励手段有限

养老服务时间银行的兑换存在较长的时间等候期,也就是说,年轻人提供服务后所存储的时间需在其年老时才能支取。加之我国民众的志愿精神和公益氛围相对还比较薄弱,要想激活民众的志愿意愿与行为,就需要通过一定即时的、具有吸引力的、可兑换的政策激励以及价值肯定作为激励手段。但目前南京养老服务时间银行实行的政策,除了时间储蓄兑换外,对于参与时间银行互助养老活动的志愿者的激励多是通过精神鼓励的方式实现,如每年定期评选优秀养老服务时间银行个人志愿者、团体志愿者、服务站点进行通报表扬或个人事迹宣传。重精神、轻物质,重口头、轻效用的倾向比较明显。对于一些便民性、实用性强的基本公共服务和公共资源的给付数量和种类还比较有限,社会对其志愿服务的认可与接受也存在不足,与志愿者的实际需求与期待往往产生较大落差。这也在某种程度上造成了志愿者参与养老服务的动力不足,活跃度较低的困境。

四、时间银行社会宣传不足

虽然在政府的支持下,南京市通过电视媒体、公众号推送、社区活动、标准化配备、社区居家养老服务站点服务等方式对养老服务时间银行进行了一定的宣传,但是就目前社会的普及养老服务程度而言还并不理想,特别是对于一些农村地区和城乡接合地区的老年人对时间银行还不是很了解。其主要原因在于,一方面各区、镇、街道对养老服务时间银行这一新鲜事物和模式的认识程度不一,支持程度存在差异,一些地区的重视和推进程度较为缓慢,导致宣传覆盖与跟进不足;另一方面,政府对于养老服务时间银行管理与运营的资金支持力度不够,每年投入广告、宣传、活动等方面的经费不足,影响了社会知晓度的提升;再一方面,受近年来养老诈骗和欺诈高发的影响,老年人防备意识增强的同时,许多老年人对于养老服务时间银行等新鲜事物抱有排斥和防范心理,阻碍了养老服务时间银行的推广。

第六节 南京养老服务时间银行的发展建议

一、提高重视程度,加强制度组织保障

要加强和健全养老服务时间银行的组织领导工作机制。各级政府和各部门要充分认识养老服务时间银行在积极应对人口老龄化、推动养老服务高质量发展中的重要性,以及在基层社会治理、志愿精神营造上的关键作用,把建设和发展养老服务时间银行提上重要议事日程。定期研究,统筹谋划,及时解决问题,确保养老服务时间银行各项发展计划与任务有序推进、高效完成。各级政府要依靠养老服务联席会议制度,明确将养老服务时间银行的职责清单化,并围绕养老服务时间银行的资金支持、政策优惠、配套用房、信息化建设、服务质量监管等重点难点事项成立专项工作与协调小组,出台政策措施,部署

具体举措,形成统筹推进、各负其责、上下联动的议事工作格局,确保养老服务时间银行得到有力、有效推进。

二、扩大志愿力量,激发社会力量参与

一方面,构建广泛的养老服务时间银行社会融入机制。继续推动养老服务时间银行进社区、居住区,以社区为服务半径,鼓励活力(低龄)老人提供志愿服务,从而实现退而不休、老有所为,增加其社会价值。不断推动养老服务时间银行进校园,结合课程思政、劳动教育,"大创"和"大挑"等创新实践,鼓励更多优秀的高校大学生、研究生参与其中,将大学生志愿服务活动时长转换为社会实践学分、劳动教育学分以强化大学生实践教育。推动养老服务时间银行进乡村,鼓励农村留守妇女帮扶留守老人、乡村能人与老年人结对等方式,打造邻里互助式志愿服务,重塑守望相助的邻里关系。推动养老服务时间银行进社会,鼓励医生、律师等专业人士加入志愿者队伍,提供结对式法律援助、医疗问诊等个性化服务,促进服务专业化的提升。推动养老服务时间银行与党建工作相结合,实施"党建+时间银行"行动,鼓励党员同志率先垂范,设置党员先锋岗、模范窗口等,促进党员同志自觉参与志愿为老服务之中。另一方面,优化激励机制,实现物质奖励、精神鼓励的切实提供与显性表达。如制作志愿者市民公交卡,彰显志愿身份;以志愿服务时长为基础数据,考虑对积极参与志愿服务的志愿者给予车贷、房贷、消费贷等方面的金融政策倾斜,以及子女就学、落户、就医优先等;在"五四奖章""三八红旗手"等影响广泛的优秀志愿者评选活动中给予适当名额。对于在考核评估中表现突出的养老服务时间银行服务点、站点,给予财政资金拨付和挂牌表彰;对于有突出贡献的养老服务机构与企业给予财政补贴、等级评定优先等支持。

三、加强各类宣传,扩大时间银行影响

一方面,要优化宣传渠道,提高社会普及率。利用公共宣传资源,在公交地铁站点、商场菜市等公共场所铺设标语、海报;利用广播、电视、报纸,投放养

老服务时间银行公益宣传广告。打造专属宣传阵地,开设南京养老服务时间银行官微等自媒体账号,实时推送养老服务时间银行相关内容;编写、印发养老服务时间银行蓝皮书和大事记,强化自身宣传。另一方面,要创新宣传方式,提高社会参与度。围绕老年人广泛接受的方式,举办摄影征集、短视频拍摄活动。用照片、视频记录为老服务温馨瞬间,展现志愿服务风采,并将服务成果上传抖音、快手、头条等短视频平台,扩大宣传的覆盖面。再一方面,要丰富宣传内容,增进社会认可度。进行文化建构,在宣传养老服务时间银行自身概念、运营特色的基础上深挖其背后文化内涵。打造养老服务时间银行文化产品或文化形象,依托互联网和各类新兴构建属于南京养老服务时间银行的文化符号与文化资产,吸引更多年轻群体的关注与参与。

四、多元主体参与,增强志愿服务动力

一方面,要丰富应用场景,打造"公益+市场"模式。在政策允许范围内促进志愿福利的激励提升,联合更多的餐饮、商超、理发店、洗衣店、电影院、体育馆、游乐场所等市民高频生活娱乐服务场所加入养老服务时间银行,加大对志愿者给予的折扣优惠,甚至留有一定的奖励名额减免费用。另一方面,要实现转赠兑换灵活处理。针对目前南京时间银行存储时间仅限于直系亲属之间进行转赠,适当考虑扩大转赠范围和增加转赠对象以实现时间银行灵活运转。针对"时间兑时间,服务换服务"的做法,尽可能向志愿者提供多种福利选择机会。再一方面,要深挖供需数据,搭建养老服务时间银行数据库。在保障信息安全的前提下,可以将时间银行资源转化为政府和养老服务机构行为决策分析的信息资源,帮助其更好地了解用户评价、掌握用户偏好、细分服务市场,精准预测老年人未来服务需求,促进养老产品迭代升级,提升养老服务质量。还可以向研究机构和研究人员开放,推动与加强对养老服务时间银行的研究,为各项政策的制定提供依据。

南京养老服务时间银行发展大事记

（1）2018年10月17日，鼓楼区民政局于鼓楼区古林公园组织开展"南京市时间银行鼓楼分行开张仪式"，区政府、市民政局、区民政局、南京市鼓楼区承阳养老事业发展事务所代表参会。南京市时间银行鼓楼分行成为江苏省首家区级养老服务时间银行。

（2）2019年7月17日，南京市政府办公厅出台《南京市养老服务时间银行实施方案（试行）》（宁政办发〔2019〕38号）。对"坚持公益性、互助性、激励性、持续性原则，到2020年构建起'政府主导、通存通兑、权威统一'的时间银行运行机制"提出总体要求。明确养老服务时间银行服务项目为《国务院关于加快发展养老服务业的若干意见》（国发〔2013〕35号）文件明确的"助餐、助浴、助洁、助急、助医"五助服务项目，并视试点情况逐步拓展服务项目。

（3）2019年12月24日，南京市养老服务时间银行开幕仪式在南京市养老服务质量指导中心举行。江苏省民政厅、南京市人民政府、市文明办、市司法局、市财政局、市人社局、市卫健委、市大数据中心、团市委、市民政局、市慈善总会、爱德基金会、南京证券、南京日报、南京电视台等代表出席开幕式。由此，南京市12个区、24个街道、247个社区成为南京养老服务时间银行首批试点地区。

（4）2019年12月24日，南京证券股份有限公司为南京市养老服务时间银行捐赠150万专项基金助力养老服务时间银行发展。

（5）2020年4月，江苏省民政厅发布2019年度江苏现代民政创新成果和优秀成果。南京市民政局"养老服务时间银行实行全市通存通兑"获评创新成果。

（6）2020年10月15日，南京市政府在市级机关礼堂组织召开"全市全面开展养老服务时间银行工作部署会"，旨在经过全面总结试点经验、典型表彰等，部署和推进全市养老服务时间银行下一步工作展开。南京市政府、市民政局、市委宣传部（文明办）、市发展和改革委、市公安局、市司法局、市卫健委、市大数据局、市妇联、团市委、市慈善总会分管负责同志、江北新区管委会、各区政府分管负责同志和民政局局长，以及部分养老服务时间银行服务点负责人及志愿者代表出席会议。由此，标志着南京养老服务时间银行全市全面推广。

（7）2021年1月23日，江苏省民政厅发布《关于发布2020年度全省高质量民政事业发展创新成果和优秀成果的通报》。南京市民政局"年轻存时间，年老享服务：破解互助性养老难题"获评发展创新成果。

（8）2021年4月23日，2021年度全市民政工作座谈会暨养老服务"时间银行"推进会在江宁区秣陵街道召开。南京市政府、市民政局、市卫健委、残联及江北新区、各区政府负责同志参加本次会议。会议明确要求全市要从"抓好智能手机专项行动""抓好志愿者培育""抓好氛围营造""抓好综合保障"四个方面开展年度工作。

（9）2022年3月3日，南京市养老服务时间银行管理中心与南京中医药大学共同主办，共青团南京中医药大学委员会、养老服务与管理学院、南京养老志愿服务联合会、栖霞区养老服务时间银行管理中心联合承办的志愿护"宁"暨南京"时间银行333互助服务行动"在南京中医药大学丰盛健康楼广场启动。

（10）2022年1月，中央网信办秘书局、中央宣传部办公厅、最高人民法院办公厅、最高人民检察院办公厅、教育部办公厅、工业和信息化部办公厅、民政部办公厅、司法部办公厅、人力资源和社会保障部办公厅、国家卫生健康委办公厅、中国人民银行办公厅、税务总局办公厅、中国银保监会办公厅、中国证监会办公厅、国家能源局综合司、国家外汇局综合司等16个部委联合印发《关于印发国家区块链创新应用试点名单的通知》（中网办〔2022〕72号），南京市养老服务时间银行信息化平台入选特色领域试点（"区块链+民政"）。

（11）2022年5月19日，南京市政府办公厅印发《关于进一步完善我市养老服务"时间银行"体系建设的通知》（宁政办发〔2022〕24号），标志着南京养老服务时间银行管理和服务体系进一步走向完善。

（12）2022年6月21日上午，南京市养老服务时间银行大学生志愿服务发展培育中心揭牌仪式暨南京航空航天大学实习实践基地启动仪式在江宁区淳化街道新华社区举行。江宁区民政局、淳华街道、新华社区、南京航空航天大学校团委、南京航空航天大学人文学院、南京市养老服务时间银行管理中心代表出席会议。活动现场为南京养老服务时间银行大学生志愿服务发展培育中心以及首个时间银行实践基地——南京航空航天大学实习实践基地揭牌，并交换合作协议。

（13）2022年6月30日，由南京市民政局主办，南京养老志愿服务联合会承办的南京市养老服务时间银行十项举措解读暨2021年度优秀典型表扬活动，全面解读《市政府办公厅关于进一步完善我市养老服务"时间银行"体系建设的通知》（宁政办发〔2022〕24号），揭晓并表扬2021年度全市养老服务"时间银行"12个优秀服务站点、28名优秀志愿者。活动还对南京养老服务"时间银行"下步工作进行部署。江苏省民政厅，南京市人民政府，市民政局、市发展和改革委、市委宣传部、市财政局、各区民政部门相关负责同志出席活动。此次获得表扬的28名优秀志愿者，已纳入南京"诚信好市民"，并且享受游园、乘坐公交地铁等优惠。

第三章　无锡梁溪区志愿服务时间银行的探索与实践

第一节　梁溪区志愿服务时间银行的发展历程

一、梁溪区志愿服务时间银行的建立

2021年,根据《无锡市第七次全国人口普查公报》数据显示,无锡市梁溪区60岁及以上人口占比23.36%,其中65岁及以上人口占比16.93%,人口老龄化发展形势较为严峻。为了创新社会养老服务供给模式,推动养老服务的高质量发展,无锡市民政局与各区民政部门代表团到南京考察时间银行。同年9月,无锡市梁溪区多部门工作人员共同走访南京鼓楼区,深入了解鼓楼区时间银行的管理方式、运行机制、要素保障以及老年人日常服务供需匹配等情况。并根据2021年12月发布的《无锡市民政事业发展第十四个五年规划》所提出的探索社区互助式养老新模式,试点时间银行的要求。2022年3月9日,梁溪区启动了区级志愿服务时间银行项目。

就实际情况而言,一方面,梁溪区的人口老龄化位居无锡全市前列。需要救助的困难对象多达其他区的2—3倍,对社会服务的需求较大;另一方面,梁溪区作为区域行政中心和居民集中生活区域,社会经济发展水平较高[1],具有

---

[1]　梁溪区作为无锡的中心城区,2021年GDP总量位列全市第四(共有6个区,2个县级市),梁溪区产业结构方面以第三产业为主,旅游资源和高校资源丰富。

较好的志愿者基础,各类志愿资源较为丰富。因此,为了响应无锡市民政局的安排,结合区困境儿童工作的优秀做法,在政府指导和政策扶持下,梁溪区率先开展了志愿服务时间银行项目。志愿服务时间银行将养老、困境儿童帮扶、特殊困难对象服务等内容纳入其中,将社会各界志愿活动付出的时间,用时间银行的方式存储起来,以便志愿者在有需要的时候兑换相应的服务。同时,志愿服务时间银行还鼓励和支持全社会的志愿服务行为,保护志愿者的合法权益,以补足志愿服务"最后一米"。

到2022年7月,梁溪区志愿服务时间银行已在崇安寺街道、清名桥街道、惠山街道、北大街街道、广益街道、扬名街道、山北街道、黄巷街道、瞻江街道等9个街道设置9个先期试点,通过以点带面的形式,推广志愿服务时间银行,实现全区通存通兑。

图3-1 梁溪区志愿服务时间银行正式启动

二、无锡梁溪区志愿服务时间银行的愿景

梁溪区志愿服务时间银行坚持"时间传承服务,培育全民志愿"的发展目

标,依靠时间银行管理体系,从服务对象需求出发,建立了时间储蓄、传递及兑换机制,制定了具有梁溪区特色的志愿服务时间银行制度。按照梁溪区志愿服务时间银行项目规划,到2023年,梁溪区将进一步修订完善志愿服务时间银行管理细则,制定并完善一套可复制可推广的市级存兑标准,探索跨区域的存储互通互认工作模式,逐步实现志愿服务时间银行的通存通兑。2025年,梁溪区时间银行将要通过建设市级层面志愿服务时间银行,保障志愿者、志愿服务组织、志愿服务对象的合法权益,鼓励和规范志愿服务,发展志愿服务事业,培育和践行社会主义核心价值观,促进社会进步文明发展。

第二节 梁溪区志愿服务时间银行的运行方式

在管理架构上,梁溪区志愿服务时间银行搭建了区、街、社区三级志愿服务时间银行管理体系,以保证志愿服务时间银行的系统有效运行(如图3-2所示)。具体而言,志愿服务时间银行网点由区民政部门负责设立与管理,在区政府指导下主要运营区志愿服务时间银行运行系统,协调落实区志愿服务时间银行网点的运营事宜;制定志愿服务时间银行配套文件,具体落实志愿服务时间银行标准化、信息化、法制化建设,开展相关培训;指导、督促街道志愿服务时间银行网点运营工作;制定免费发放时间的标准;为志愿服务时间银行服务志愿者和服务对象购买保险;配备马甲、工作证、服务包等志愿者开展服务时的必需品;评估志愿服务时间银行网点运营情况,监管志愿服务时间银行网点建设和运营经费使用情况;负责本区域内志愿服务时间银行的宣传、安全运营、处理相关投诉等工作等。

街道志愿服务时间银行网点由街道设立,在区志愿服务时间银行指导下,主要履行的工作有:对辖区内的服务对象进行评估、筛选;向辖区居民宣传志愿服务时间银行工作;指导志愿服务时间银行志愿者以及服务对象进行注册,

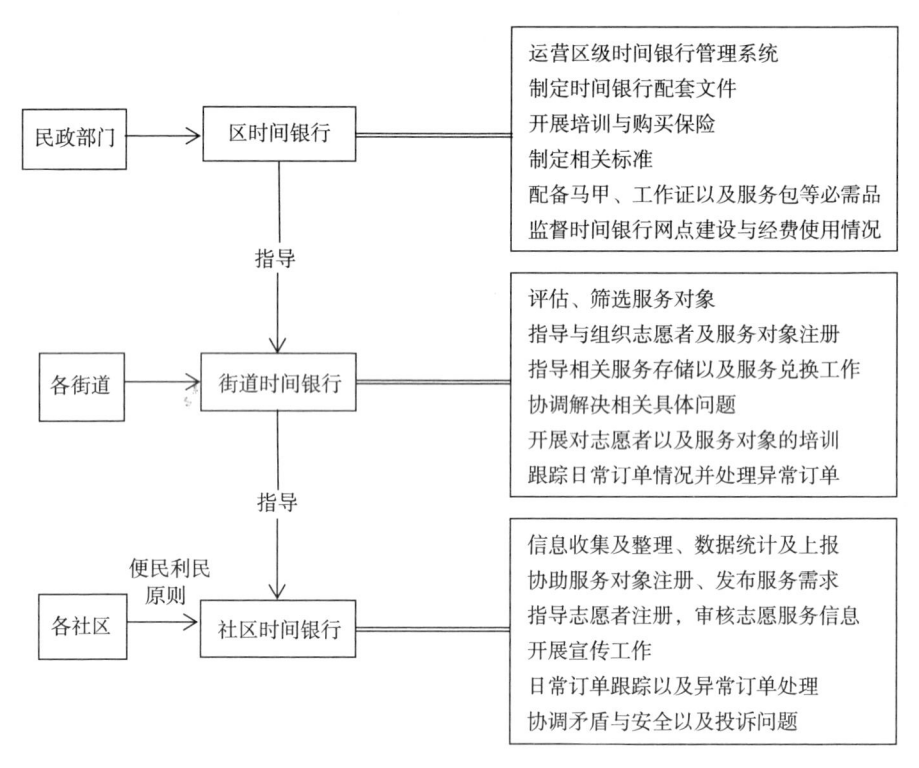

```
民政部门 → 区时间银行
  运营区级时间银行管理系统
  制定时间银行配套文件
  开展培训与购买保险
  制定相关标准
  配备马甲、工作证以及服务包等必需品
  监督时间银行网点建设与经费使用情况

      ↓ 指导

各街道 → 街道时间银行
  评估、筛选服务对象
  指导与组织志愿者及服务对象注册
  指导相关服务存储以及服务兑换工作
  协调解决相关具体问题
  开展对志愿者以及服务对象的培训
  跟踪日常订单情况并处理异常订单

      ↓ 指导

各社区 —便民利民原则→ 社区时间银行
  信息收集及整理、数据统计及上报
  协助服务对象注册、发布服务需求
  指导志愿者注册，审核志愿服务信息
  开展宣传工作
  日常订单跟踪以及异常订单处理
  协调矛盾与安全以及投诉问题
```

图 3-2　梁溪区志愿服务时间银行管理体系示意图

积极开展服务存储、兑换等工作；协调解决各社区与各街道志愿服务时间银行网点运营中的具体问题；负责志愿者和服务对象培训工作；做好辖区内时间银行异常订单的处理及日常订单的跟踪反馈工作；协调辖区内服务对接、矛盾纠纷、安全问题，及时上报突发事件等。

社区志愿服务时间银行网点由各社区按照便民利民的原则设立，由所在社区负责管理，主要履行做好政策宣传、信息收集及整理、数据统计及上报等工作；发布服务需求并为服务对象注册提供帮助；指导志愿者注册志愿服务时间银行并审核志愿服务信息；做好社区内志愿服务时间银行异常订单的处理及日常订单的跟踪反馈工作；协调社区内服务对接、矛盾纠纷、安全问题，及时上报突发事件等相关工作。

梁溪区志愿服务时间银行的服务对象包括以下四类：一是梁溪区常住且

75周岁以上的空巢独居老年人,其中也包括部分65周岁以上有特殊困难独居老年人。二是梁溪区内的困境儿童。三是梁溪区的特困供养人员、医疗救助困难对象以及低保内的困难残疾人等特殊对象。四是梁溪区内兑换志愿服务时间后的志愿者(如表3-1所示)。

表3-1 梁溪区志愿服务时间银行的服务对象

服务对象类型	具体对象
第一类服务对象	梁溪区内常住且75周岁以上的空巢独居老年人等
第二类服务对象	梁溪区内困境儿童
第三类服务对象	梁溪区内特困供养人员、医疗救助困难人员、低保内残疾人员等
第四类服务对象	梁溪区兑换时间后的志愿者

资料来源:根据调查资料整理所得。

就志愿服务时间银行服务对象的申请与注册而言,服务对象需在全区统一的志愿服务时间银行信息管理平台移动端,即"梁溪区时间银行"小程序线上注册(如图3-3所示)。注册流程包括"申请—审核—注册成功"等环节。首先,服务对象既可以由本人提出申请,也可以委托他人代为申请(因特殊原因无法自行提交申请),通过"梁溪区时间银行"小程序进行真实信息填报。其次,志愿服务时间银行系统自动与后台数据进行信息比对与审核,符合条件的服务对象便可以申领时间。截至2022年12月底,全区志愿服务时间银行注册服务对象4118人,其中通过审核的服务的60岁以上服务对象313人。从性别来看,通过审核的服务对象中男性156人;女性157人。低保人员共有69人,一般人员共有244人。

为提高志愿服务时间银行的服务质量,梁溪区面向全社会招募了时间银行志愿者。志愿者主要分为个人志愿者和团体志愿者两大类。个人志愿者主要是社会各个行业的各类人群。要成为个人志愿者的基本条件是:有公益服务精神、有从事志愿服务的时间、身体健康、无个人信用不良记录和严重违法记录。其中,提供专业服务的个人志愿者需持有国家有关部门颁发的执业证

图 3-3 梁溪区志愿服务时间银行平台板块

书。而团体志愿者主要是各类社会爱心团体。团体志愿者的准入条件是：要有拥有独立法人资质，无不良信用记录的机关、企事业单位及社会组织等。此外，为培养青少年的志愿精神，为将来营造良好的公益氛围，梁溪区志愿服务时间银行还鼓励和支持未满 18 周岁的在校学生，在其监护人（申请者）的带领下参与养老志愿服务。

申请时间银行志愿者也需要在"梁溪区时间银行"小程序上进行线上注册。注册流程包括"申请—审核—培训—考核"等环节（如图 3-4 所示）。个人申请志愿者需登录"梁溪区时间银行"小程序，根据提示提交申请。团体志愿者申请与个人志愿者注册流程相同。个人志愿者申请后，平台会自动实名认证，对个人信息进行比对，并反馈注册结果，完成审核。团体志愿者提交审核后由区志愿服务时间银行网点统一线上审核。个人志愿者和团队志愿者申请受理并审核后,将会进入培训和考核环节。培训分为线上培训和线下培训两种类型。线上培训志愿服务和时间银行的基础知识,培训及考核通过后,注册成为时间银行志愿者。线下培训专业技能操作,方便志愿者更好地为服务对象提供服务。培训具体内容主要包括但不限于时间银行基本规则、志愿者权利义务、信息系统使用、服务基本要求、突发事件应急处置预案等。

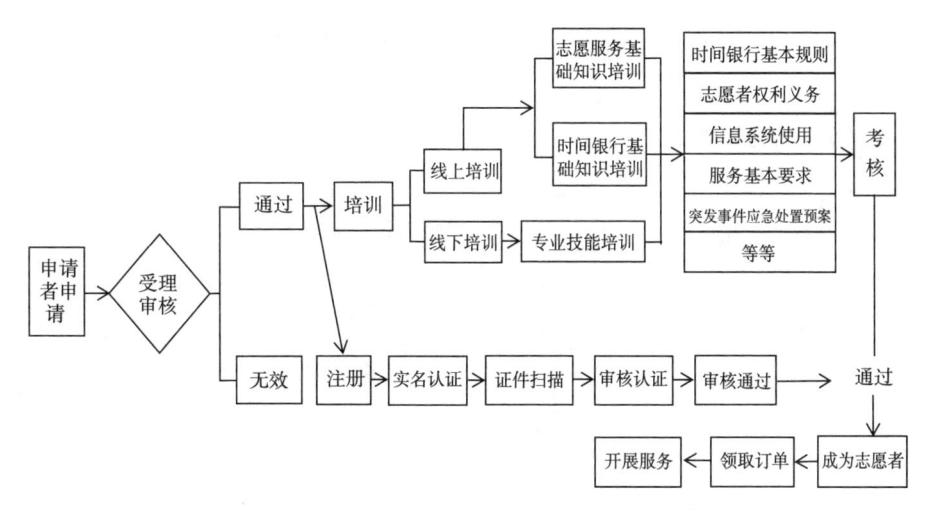

图 3-4 梁溪区志愿服务时间银行志愿者注册流程图

截至 2022 年 12 月底,无锡梁溪区志愿服务时间银行已申请注册的个体志愿者共有 299 人,其中 296 人通过审核与考核成为正式志愿者可参与志愿服务活动。从性别来看,正式志愿者中男性志愿者 120 人,占 40.54%,女性志愿者 176 人,占 59.56%。从年龄来看,正式志愿者中 20 岁以下共有 62 人;40 岁以下共有 189 人,占 63.85%,40—59 岁共有 103 人,占 34.8%,60 岁及以上共有 11 人,占 3.72%。

在服务供给上,梁溪区志愿服务时间银行服务项目分为非专业服务和专业服务。鉴于风险的可控性、推行的渐进性,志愿服务时间银行的服务项目目前主要为非专业性的服务内容(不含政府购买服务内容)。服务项目包括为空巢独居等老年人提供助餐、助浴、助行、助洁、助购、助医、助急等基础类生活照护，以及精神慰藉、文体娱乐、教育培训、银发顾问等精神文化类和辅助类服务（如表3-2所示）。为困境儿童提供家庭支持、心理关爱、文化教育、儿童顾问、临时监护等服务（如表3-3所示）。为特殊对象提供各类相关服务等。具体内容包括但不限于陪同就医、情感慰藉、出行陪伴、陪读和陪伴、文体娱乐、法律援助、培训讲座等。提供法律援助、心理咨询等专业服务的，须提供相关资质证明。

表3-2 梁溪区志愿服务时间银行为老服务项目

项目类别	服务项目	服务内容与要求	服务时间（小时）
助餐	上门送餐	从社区助餐点将餐送到服务对象家里，餐费由服务对象承担	0.5
	上门做饭	根据老人需求，前往老人家中协助做饭	1
助浴	洗澡看护	服务对象在家洗浴，志愿者在室内陪同，以防意外发生	1
	接到服务站点洗澡	把老人接到养老服务站点（养老机构或社区居家养老服务中心）	1
助行	陪同外出	户外散步、陪同外出。助行服务应符合约定时间和约定区域，一般在老年人住宅小区及周边区域内	1.5
	接至居家站点活动	把老人从家中接到养老服务站点参与助餐、助乐等各类活动	1
助洁	理发	上门或在养老服务站点为老人免费理发	0.5
	家务料理	到老人家里帮助整理卫生	0.75
	帮助清洗衣服	到老人家里帮洗衣服；将老人衣服拿出去洗，晒干后送给老人	0.75
	帮助清洗床单、被罩等大件衣物	到老人家里帮助洗；或者将衣物拿出去洗，晒干后再送给老人	1.25

第三章 无锡梁溪区志愿服务时间银行的探索与实践

续表

项目类别	服务项目	服务内容与要求	服务时间（小时）
助购	代购物品	为老年人代购菜品等生活必需品或陪同购物，准确记录购买的品种，清点钱物，按照约定购物，做到当面清点并结算	0.75
	代领物品	根据老人需求，代领或寄送各种物品	0.5
	代缴费用	代缴水费、电费、煤气费、燃气费、电话费等日常费用，费用由老人自行承担	0.25
助医	血压血糖测量	前往网点领取血压或血糖计前往老人家中进行简易的健康测量	0.5
	陪同就医	一般建议使用公共交通或者打车，产生的费用由服务对象承担	1.5
	协助护理	协助家属提供简易的翻身、转移等基础护理服务。	0.5
助急	简易维修	为老人提供简单的水电维修、家用电器维修等维修服务	1
	日常生活应急协助	发单后2小时需要的服务，都视为助急服务	1.25
精神慰藉	关爱探访	观察老年人的情绪变化，以舒缓心情、排遣孤独为原则	1.25
	生活陪伴	根据老人的服务需求，通过上门的方式对老人进行陪伴，陪同开展相关活动	1.25
文体娱乐	文体娱乐	协助老年人开展各种有益于身心健康的文化体育娱乐活动，内容包括上门开展书法、绘画、棋牌、唱歌、戏曲、趣味活动以及健身运动等	1
教育培训	教育活动	协助老年人开展各种有益于身心健康的教育培训，内容包括养生讲座、疾病预防知识宣教、金融防诈骗宣教、文娱培训等	1
	智能设备培训	上门为老年人提供智能设备辅导	1
银发顾问	法律咨询	为老年人提供公益性的法律咨询	0.5
	养老政策咨询	为老年人提供养老类的政策咨询解答，协助申报各项养老补贴	0.5

资料来源：根据调查资料整理所得。

表 3-3　梁溪区志愿服务时间银行困境儿童服务项目

项目类别	服务项目	服务内容与要求	服务时间（小时）
家庭支持	结伴同行	带困境儿童外出参加各类有益健康成长的活动	1
	喘息服务	为重点喘息服务对象建立长期跟踪及短期代替性服务，减轻家属压力	1
	生活援助	为困境儿童及其家庭提供家居保洁、衣物清洗、买菜做饭等家务帮助，为残疾儿童修理轮椅、助听器等辅助器具	1
心理关爱	关爱探访	关注困境儿童的情绪变化，以舒缓儿童心情、倡导社会参与为原则	1
	心灵陪伴	根据困境儿童需求，通过上门陪伴，以各种活动形式为儿童提供帮助	1
	抗逆力提升	根据困境儿童性格，为其提供价值观重塑、自信心提升、家庭问题协调	1
文化教育	送教上门	为行动不便的困境儿童，提供一对一的上门辅导教学	1
	学业辅导	为困境儿童提供集中看管、学业辅导等服务	1
	文体娱乐	开展各类有益于困境儿童身心健康的文化体育娱乐活动，包括书法、绘画、棋牌、唱歌、舞蹈、趣味活动以及健身运动等	1
儿童顾问	法律咨询	为困境儿童及其家属提供公益性的法律咨询	1
	政策咨询	为困境儿童提供政策咨询解答，开展政策宣传活动	1
	心理咨询	为困境儿童及其家属提供公益性的心理咨询服务	1
	医疗咨询	为困境儿童及其家属提供公益性的医疗健康咨询服务	1
临时监护		特定时段内，为困境儿童提供临时监护	

资料来源：根据调查资料整理所得。

梁溪区志愿服务时间银行服务流程总体上分为需求申请、需求匹配和开展服务三个环节。首先，服务对象想要获得志愿者服务要通过"梁溪区时间银行"小程序根据需求下单。服务对象下单后，十五分钟以内，服务对象所在街道的所有志愿者都可以接单，若十五分钟后仍无人接单，订单范围会扩大到整个区内。仍无人接单的，转入至人工派单。其次，志愿者接单后，系统在接

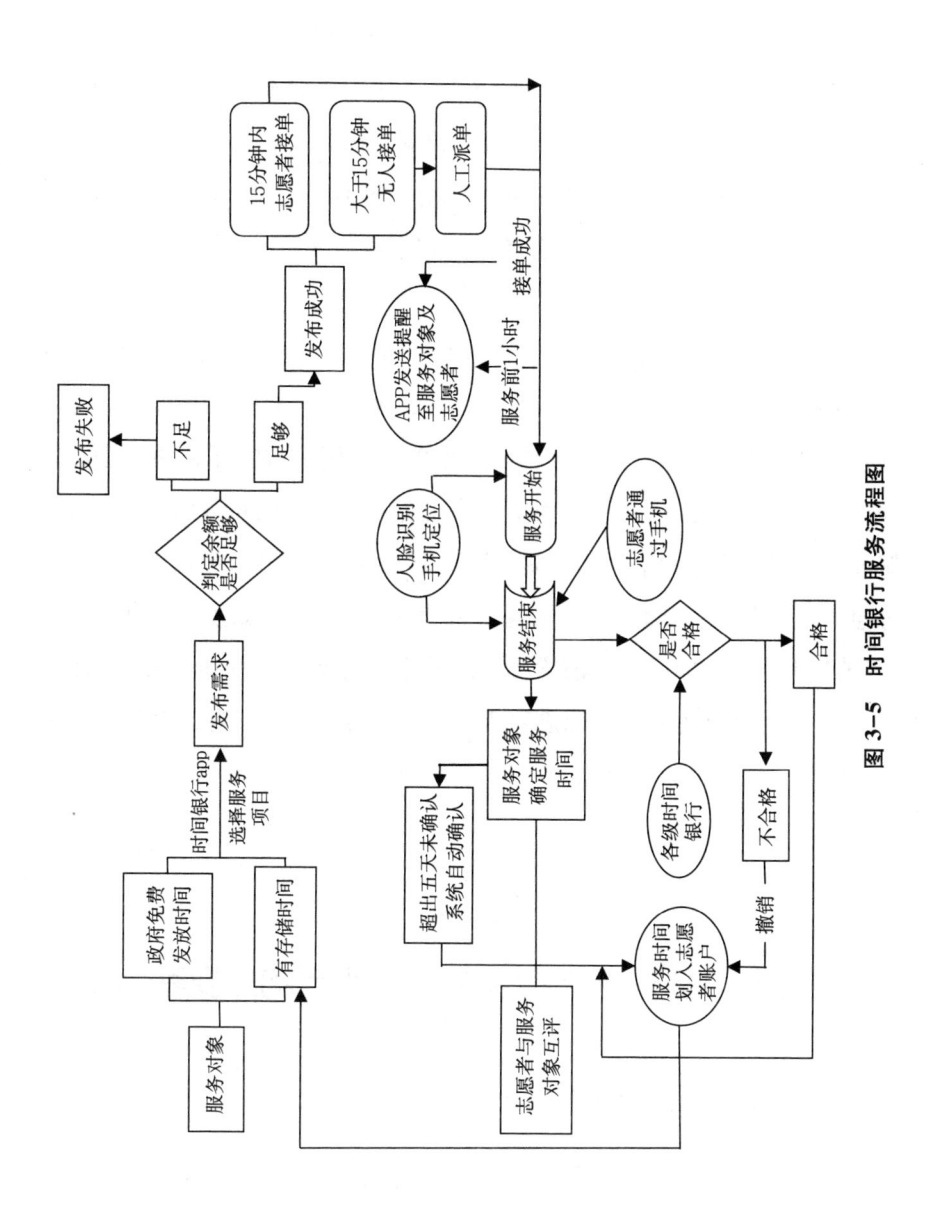

第三章 无锡梁溪区志愿服务时间银行的探索与实践

图 3-5 时间银行服务流程图

单成功和服务前一小时两个时间节点,通过信息平台推送信息至服务对象和志愿者,以示提醒。在服务开始时,志愿者在服务对象家中现场通过服务定位、人脸识别等方式开始服务。服务结束后,志愿者通过手机结束服务,服务需求申请者若5个工作日仍未确认服务的,系统将自动确认服务且服务时间划入志愿者个人时间账户。最后,各级志愿服务时间银行需定期和不定期对管辖范围内时间银行志愿服务进行抽查,如抽查回访不合格,撤销当次服务时间,并通过信息化平台反馈给志愿者。如志愿者有疑义,可向区级平台申诉(如图3-5所示)。

志愿者储存在时间银行账户中的服务时间,一方面是在志愿者有需要的时候兑换相应时长的服务;另一方面是对贡献程度高(即积分高)的志愿者进行激励奖励的依据。当志愿者需要服务时可用这些储存的时间兑换志愿服务时间银行的相应服务(不用于兑换实物或现金)。此外,也可以将其捐赠给志愿服务时间银行或转赠给直系亲属。服务时长达到要求的,可按同等比例获得志愿奖励分,志愿奖励分可在公益资源库内兑换文创、景点门票等增值项目,不消耗个人账户时间。目前梁溪区志愿服务时间银行的存储时限试行阶段为五年,志愿者在五年内退出志愿服务时间银行且将时间捐赠给总池,可按照捐赠时长获得两倍志愿奖励分。志愿者时间的存储时限根据试行情况逐步延长直至终身。

第三节 梁溪区志愿服务时间银行的主要特点

一、多元化全生命周期的人群覆盖

梁溪区在全区层面建立了统一的志愿服务时间银行体系,积极打造全生命周期(服务对象)、全人群(志愿者)、全领域(服务项目)的志愿服务发展机制,是在全国范围内较早的通过制度将志愿服务与养老服务、困境儿童服务、

特殊困难对象服务等有机融合,推动社会各界人士加入时间银行志愿服务中来,实现全民全龄志愿服务。具体表现在以下两个方面:

(一) 全生命周期的服务对象

全生命周期是指人的生命从生殖细胞的结合开始一直到生命的最后终止,其划分方式根据不同标准而有所区别,在健康服务领域,可以将全生命周期分为生命孕育期(-1岁到出生)、青少年儿童期(0—20岁)、成年期(21—64岁)、老年期(65岁以上)和临终关怀5个阶段。传统的时间银行多以老年人为服务对象,也就是常见的养老服务时间银行。由于时间银行服务模式可复制性和可延伸性较强,服务群体完全可以不仅限于老年群体。在实践中,梁溪区志愿服务时间银行除了老年群体(主要为75周岁以上的空巢独居老年人)以外,还纳入了困境儿童、特困供养人员、医疗救助困难对象以及低保内的困难残疾人等特殊对象(医疗救助困难人员、低保内残疾人员可包含各年龄段)。可以说从年龄阶段上涵盖了该区人口的不同生命周期阶段,建成了全民全龄的志愿互助服务平台。

(二) 全人群的服务志愿者

不同于其他地区时间银行主要吸纳成年志愿者,或者是低龄活力老人志愿者,梁溪区时间银行除了吸纳各行各业的成年志愿者以外,还鼓励和支持未满18周岁的在校学生,在其监护人为申请者的带领下参与志愿服务。将志愿者服务队伍放宽到未成年的在校学生,不仅可以有效地扩大服务队伍的数量,还能引导人们从未成年时期和青少年时期就参与志愿服务与公益活动,用积极的理念与行为培育全社会的良好志愿服务氛围,从而更好地推动社会各界人士关注与加入时间银行,形成全民全龄参与的环境。此外,梁溪区志愿服务时间银行这种全人群志愿者吸纳模式还能够高效开发与利用全社会的志愿服务者,增强志愿服务供给能力,从而有效减少服务成本,缓解老龄化的挑战解决困境家庭面临的各种服务需求。

二、时间储蓄+志愿分奖励的双重激励

充足的志愿者是维持时间银行稳定发展的基本条件,因此创新志愿者激励机制至关重要。目前梁溪区采取时间储蓄和志愿分奖励并行的志愿者激励机制。

(一) 时间储蓄机制

根据梁溪区时间银行现行的运行方式,时间银行按照一定的规则记录志愿者提供的服务时间,存入其时间银行账户,志愿者有需要的时候可兑换相应时长的服务。作为提供服务的志愿者,在信息管理平台注册认证后,可以自由选择预约信息就近、就便开展有关服务,获取时间储蓄。同时,为保证服务真实有效,志愿者要通过信息管理平台进行签到、签退,以此记录服务时长。志愿者个人账户则会记录储存服务时间,当志愿者达到被服务条件后,就可以将账户内的时间兑换服务、捐赠至总行或转赠给直系亲属。

(二) 志愿分奖励机制

为了更有效地激励志愿者参加,体现志愿者的服务贡献,无锡梁溪区志愿服务时间银行方面,新增"志愿奖励分"制度。另外,为了争取更多的公益资源,志愿服务时间银行还联系了一批爱心单位,为志愿者提供一系列兑换福利。"志愿分"达到一定标准就可以兑换如饮品店的奶茶、蛋糕折扣券或现金券;律师事务所的1小时法律咨询;武馆的一节跆拳道课程等福利。正是这种志愿分奖励机制,使爱心通过志愿服务时间银行的调配流动起来,引导社会各界、广大居民积极参与志愿服务,并鼓励社区周边的爱心资源加入对注册志愿者的激励中来,这也使得爱心单位获得更多的宣传推广,从而形成志愿服务的良性循环。

梁溪区志愿服务时间银行"志愿分"兑换案例

梁溪区志愿服务时间银行开展了"志愿分"兑换活动,55岁的志愿者虞荣

芬成为时间银行的第一位"志愿分"兑换者。时间银行小程序上线四个月以来,她进行结对帮扶的志愿服务,主要任务是照顾一名70多岁的瘫痪老人,通过每周去老人家打扫卫生、陪聊天等志愿服务,成功地利用志愿分兑换了一张古运河游船船票。虞阿姨说:"从来没想过参加时间银行的志愿者居然还可以得到船票",虞阿姨起初在社区里了解到时间银行就很感兴趣,她自从退休之后一直在从事公益事业,平时也会帮助独居老人买菜,打扫卫生,她一直对身边的人说,"趁自己年轻的时候多做一些对社会有意义的事,自己也会有老了一天,现在时间银行这个平台有这么好的机会,让我可以为更多需要帮助的人贡献一份我的力量,我特别开心!以后我会呼吁身边更多的人参与到时间银行志愿者队伍中来,我们小老年人还有学习的能力,一开始我在小程序上进行注册,有一点点吃力,工作人员帮我全部解决好了,以后我只要负责看界面上的订单,离我比较近距离的,直接点击领取订单,我就可以进行服务了。"

表3-4 梁溪区志愿服务时间银行志愿分兑换情况表

爱心单位名称	可兑换福利项目	志愿分兑换条件	志愿分兑换说明
盈科律师事务所	公益的法律咨询和法律援助服务	服务订单完成数量≥5单或志愿分累计满1000分即可有兑换的准入资格。1.法律咨询服务优忠:兑换积分为每小时480分,在该律所每位志愿者每周最多可兑换2张单小时折扣优惠券。2.公益法律咨询服务:按照每小时1000分兑换。每个自然年每位志愿者最多可兑换2小时公益法律咨询服务。	1. 每笔订单的志愿分赋分以每笔订单完成时间不同有所区别,以每15分钟30积分折算。例如送餐时间为60分钟,即完成一单送餐后台可得120分满分,若评价为不满意但是完成送餐可得60分,若订单未完成则直接不得分。
晶琪舞蹈	公益提供舞蹈课程兑换次卡	兑换积分为每节课480分,在该商户,每位志愿者每周最多可兑换2节舞蹈课。每个自然年每位志愿者最多可兑换5节舞蹈课程。	

87

续表

爱心单位名称	可兑换福利项目	志愿分兑换条件	志愿分兑换说明
龙艺武馆	公益提供跆拳道课程兑换次卡	兑换积分为每节课600分，在该商户，每位志愿者每周最多可兑换1节跆拳道课程。每个自然年每位志愿者最多可兑换5节跆拳道课程。	2. 兑换标准（1）志愿分累计满500分或累计完成3笔好评订单，即可达到最低兑换门槛，所有的折扣券都可开放兑换资格，志愿者只需满足兑换志愿分的积分要求即可兑换。（2）部分实际金额较高的物资或无门槛代金券，例如古运河游船船票，需满足服务订单数量达到200笔且志愿分累计达到30000分可开启兑换资格。古运河免费门票每周有一张兑换资格，兑完即止，如本周无志愿者兑换，当周作废，不累计至下一周期叠加兑换。3. 兑换其他事宜以具体入驻商家的要求为准。
金秋艺术团	提供公益老年团文化演出	志愿者可以共同参与艺术团的培训演出活动，每次活动参与兑换积分为240分。艺术团提供培训演出的时间地点表，志愿者可根据自身交通、时间便利选择参加。志愿者需至少一天兑换并和团长联系。兑换次数不限。三次预约未到场将会取消后续预约资格。	
金多乐宠物有限公司	为困境儿童捐赠玩偶	服务订单完成数量≥20单或志愿分累计满5000分即可有兑换的准入资格。1.玩偶优惠：兑换优惠券积分要求为600分每张，在该商户，每位志愿者每周最多可兑换2张折扣优惠券。2.公益玩偶兑换：按照玩偶实际定价，每1元为120积分兑换。例如10元无门槛代金券或10元定价需用1200积分兑换，且需一次性使用完毕（代金券不与门店其他活动同享）。在该商家，每位志愿者每周最多可兑换1张无门槛代金券或实物兑换券。每个自然年最多可兑换5张无门槛代金券或实物兑换券。	
无锡顺易梵健康管理中心有限公司	公益的理疗服务	1.无门槛代金券或实物兑换券：按照商品定价，每1元为60积分兑换。例如10元无门槛代金券需用600积分兑换，且需一次性使用完。在该商家，每位志愿者每周最多可兑换4张无门槛代金券或实物兑换券。每个自然年最多可兑换20张无门槛代金券或实物兑换券。2.其余代金券或实物折扣兑换券：折扣类券的兑换积分为单张30分，无兑换张数限制。	

续表

爱心单位名称	可兑换福利项目	志愿分兑换条件	志愿分兑换说明
笑来喜	餐饮代金券	1.无门槛代金券或实物兑换券:按照商品定价,每1元为120积分兑换。例如10元无门槛代金券需用1200积分兑换,且需一次性使用完毕(代金券不与门店其他活动同享)。在该商家,每位志愿者每周最多可兑换2张无门槛代金券或实物兑换券。每个自然年最多可兑换8张无门槛代金券或实物兑换券。2.其余代金券或折扣饮品实物兑换券:折扣类券的兑换积分为单张480分,在该商家,每位志愿者每周最多可兑换10张折扣券。	
江苏惠吉多科技有限公司	优惠优质的生活刚需用品	1.无门槛代金券或实物兑换券:按照商品定价,每1元为60积分兑换。例如10元无门槛代金券需用600积分兑换,且需一次性使用完毕(代金券不与门店其他活动同享)。在该商家,每位志愿者每周最多可兑换1张无门槛代金券或实物兑换券。每个自然年最多可兑换10张无门槛代金券或实物兑换券。2.其余代金券或实物折扣兑换券:折扣类券的兑换积分为单张30分,无兑换张数限制。	
无锡欢喜饮品店	奶茶、蛋糕折扣券或现金券	1.无门槛代金券或实物兑换券:按照商品定价,每1元为30积分兑换。例如10元无门槛代金券需用300积分兑换,且需一次性使用完毕(代金券不与门店其他活动同享)。在该商家,每位志愿者每周最多可兑换3张无门槛代金券或实物兑换券。每个自然年最多可兑换25张无门槛代金券或实物兑换券。2.其余代金券或折扣饮品实物兑换券:折扣类券的兑换积分为单张60分,在该商家,每位志愿者每周最多可兑换50张折扣券。	

续表

爱心单位名称	可兑换福利项目	志愿分兑换条件	志愿分兑换说明
江苏古运河投资集团有限公司	1.古运河游船船票折扣;2.清名桥饭店菜品及折扣;3.桥洞咖啡饮品及折扣 4.龙船酒吧折扣	1.古运河集团折扣券兑换标准:满足平台最低兑换门槛后即可享受古运河集团提供的所有折扣券兑换资格。每张折扣券的兑换积分为240分,在该商家每位志愿者每周最多可兑换20张折扣券(折扣券不与门店其他活动同享)。2.古运河免费游船船票兑换标准:满足服务订单数量达到200笔且志愿分累计达到30000分可开启兑换资格。古运河免费游船船票每周有一张兑换资格,兑完即止,如本周无志愿者兑换,当周作废,不累计至下一周期叠加兑换。每位志愿者账户最多可兑换2张(同一手机号、姓名、身份证号均视作同一账户)。	

资料来源:根据调查资料整理所得。

三、"时间银行+"的融合发展战略

梁溪区创新发展"时间银行+"的新模式,依托公益慈善服务以及文旅教育服务等项目,向志愿服务的个性化、精准化、多元化和可持续化更进一步。

(一) 时间银行+公益慈善服务

党的十九届四中全会将"按劳分配为主体、多种分配方式并存"确定为基本经济制度,并首次提出要"重视发挥第三次分配作用,发展慈善等社会公益事业"。为社区的公益事业提供慈善捐助是企业的社会责任之一。为了把时间银行的服务内容落到实处,梁溪区志愿服务时间银行运营组织一方面对接区内社会责任担当较强的企业,另一方面根据志愿服务时间银行覆盖群体的服务需求,为这些爱心企业量身定做可持续的、制度化的公益活动或慈善定向捐赠活动,并把这些企业发展为志愿分奖励可兑换的社会资源。这一举措既实现了社会资源供需有效对接、爱心力量凝聚,又能为企业提高知名度,实现双赢,彻底改变了以往慈善活动形式化、一次性的特点。梁溪区志愿服务时间银行的落地运营能够有效地协助爱心企业和个人达成公益、慈善的目标,提升品牌影响力和社会效益,还能通过不断创新的志愿服务形式来为志愿者赋能。

(二) 时间银行+文旅教育服务

梁溪区时间银行在运营过程中,不断丰富时间银行的业务类型与应用场景,从最初的养老服务,逐渐拓展到儿童服务、环境保护、教育培训、文化旅游等社会生活领域。在"双减"政策背景下,结合教育部发布的《义务教育劳动课程标准(2022年版)》中对公益劳动与志愿服务的具体要求,以及各类院校对学生参与志愿活动、实践课、劳动课的安排,梁溪区时间银行通过网点阵地,把时间银行服务内容和学生义务劳动教育相结合,将提高学生思想道德修养和社会实践能力相结合,将志愿服务纳入学生实践课程,为学生提供实践基地,充实学校德育教育体系。这既能为学生提供时间银行社会实践证明,也能进一步鼓励和支持学生积极参与公益事业。目前,梁溪区时间银行已经和无锡市旅游商贸高等职业技术学校展开合作。此外,梁溪区时间银行通过把文旅企业纳入志愿分奖励资源,既提高了梁溪区文化旅游品牌价值,又丰富了志愿者奖励内容,使得时间银行和文旅教育的发展达到双赢。

无锡旅游商贸高等职业技术学校参与志愿服务时间银行服务案例

无锡旅游商贸高等职业技术学校是无锡地区规模较大的旅游与现代服务业中高级技能型人才培养基地,是江苏省旅游与现代服务业人才培养的品牌学校。学校实施"一系一品",支持并指导各级团学组织结合专业特色创设志愿服务工作品牌。该校学生积极开展志愿者活动,志愿者覆盖率100%,人均时长达到10小时以上。疫情防控期间,梁溪区志愿服务时间银行组织无锡旅游商贸高等职业技术学校共同参与了333志愿服务四城联动的拍摄,跟独居老人在线约定"待疫情过后,带您看最美梁溪"。无锡旅游商贸学校一直注重学生的德育教育工作,一直将个人课外实践工作融入志愿服务工作中,推动形成课上课下相结合,校内校外双循环的教育工作方式,真正实行体验式教育。而志愿服务时间银行,不仅可以让老师带领学生在政府平台上去领取自己擅长的志愿服务内容,还鼓励学生在老师陪同下主动开展孝亲敬老文化活动,让学生在活动中汲取更多中国美德教育。

四、建立专业化的志愿服务团队

伴随着改革开放的进程,我国志愿服务活动取得了显著的成就,但长期以来由于缺乏高素质、高学历和具有专业志愿服务技能的人才,导致志愿者队伍整体专业水平偏低,难以提供给服务对象个性化、多样化、系统化的服务,志愿服务的质量和形式仍然停留在比较初始的阶段。为了克服这一难题,梁溪区志愿服务时间银行规定,符合条件的个人和团体可分别注册成为个体志愿者和团体志愿者。为此梁溪区志愿服务时间银行与区内各行政部门、社会组织及企业达成合作发展了多个专业的志愿团队如表3-5所示。专业化的服务团队一方面使得志愿服务时间银行在供需对接方面更加精准有效,可根据志愿者专长、服务意向等进行合理的分类,把志愿服务真正落到实处;另一方面,专业化的志愿者团队通过类别化、明确化的组织定位,在熟悉的领域中建立自我认同,进而增强对志愿服务组织认同。如心理咨询志愿服务队通过专业的心理咨询和治疗,对困境儿童及其家庭免费开展心理评估、个案辅导、团体辅导;对独居孤寡老人免费开展心理援助服务;对特殊困难人群(如困难残疾人、特困供养对象)等弱势人群免费开展心理个案辅导及团体辅导等。法律援助志愿服务队依托梁溪区时间银行服务点,开展形式多样的普法宣传、法律咨询、为符合援助条件的当事人提供专业法律援助服务。依托梁溪区志愿服务时间银行信息平台,建立法律援助服务网点以及需求信息库,实现供需信息的网上对接。

表 3-5　梁溪区志愿服务时间银行志愿者团队

服务类别	服务团队名称	服务队伍简介	服务内容
法律服务	盈科律师事务所	北京市盈科(无锡)律师事务所是盈科律师事务所在无锡市直接投资设立的分支机构,员工总数达150余人,其中执业律师人数103名,下设八大专业委员会以及十一大业务部门。	提供公益的法律咨询和法律援助服务
教育服务	无锡旅游商贸高等职业技术学校	无锡地区规模较大、设施一流的旅游与现代服务业中高级技能型人才培养基地,是江苏省旅游与现代服务业人才培养的品牌学校。	提供困境儿童教育辅导
教育服务	晶琪舞蹈	晶琪·好禾舞蹈培训中心是一所专注于舞蹈教育的培训学校,专注幼儿舞蹈教育。	提供公益舞蹈课程
教育服务	龙艺武馆	龙艺武馆连锁教育成立于2015年,集健身、娱乐、强身于一体的高档次的体育运动俱乐部。	提供公益跆拳道课程
教育服务	"溪"有青年	梁溪团区委的指导下,广泛凝聚各行各业青年,关注城区发展建设,助力文明创建,协助疫情防控,关怀事实孤儿和困境青少年,为"魅力梁溪"的发展建设贡献青春力量。	解决困境儿童学习、生活问题,陪伴困境儿童共学、共游、共玩、共成长
文旅服务	金秋艺术团	金秋艺术团创建于2001年,由退休工人、教师、公务员等组成,是街道直属团队。	提供老年团文化演出服务
医疗服务	无锡顺易梵健康管理中心有限公司	无锡顺易梵健康管理中心有限公司,是一家生命医学与慢病管理中心,以生命医学为理论核心,以提升生命脏腑机能为目的,以三联复配为手段,以测、医、调、养、修五位一体为步骤,致力于让顾客体验健康、延年益寿。	提供公益理疗服务
医疗服务	无锡德澍中医诊所	德澍中医是由江苏省名中医孙秩秋主任带队组建的团队,诚邀南京中医药大学、江苏省中医院的众多省内知名中医专家的中医诊疗机构。	提供公益义诊服务

续表

服务类别	服务团队名称	服务队伍简介	服务内容
心理服务	心理咨询团队	心理咨询志愿服务队广泛开展社会公益活动,提供专业社会工作服务,积极推广心理学知识,咨询服务涵盖情绪压力、婚姻家庭、特殊儿童心理矫治、焦虑恐惧、抑郁、身心疾病等方面。	提供心理咨询、心理治疗和心理援助服务

资料来源:根据调查资料整理所得。

第四节 梁溪区志愿服务时间银行的发展成效

一、推进了政社之间的良性互动

治理是一个自上而下与自下而上互动的过程,强调政府与社会通过合作、协商、建立伙伴关系、确立认同和共同的目标等方式实施对公共事务的管理,从而寻求政府与公民对公共生活的合作管理和实现公共利益最大化。梁溪区政府主动转变治理思维,实行政府权责清单制度,厘清政府和市场、政府和社会关系,寓管理于服务之中,坚决贯彻"放管服"的行政治理改革思路,激发社会力量的活力,促进梁溪区志愿服务时间银行的可持续发展。

梁溪区政府通过时间银行的平台,以社区为单位,为社会力量构筑了一个集物资交流、政社互动和志愿服务等功能于一体的互助志愿服务平台,本着"政府搭台、社会唱戏"的宗旨,形成了"1(政府)+X(时间银行网点)"[①]的网络化组织构架。在志愿服务时间银行平台上,政府和企业良性互动,定期开展具有企业特色的志愿活动,运行机制呈现多样性和功能嵌入性。例如盈科律

---

① 1(政府)+X(时间银行网点)的网络化组织架构,即以梁溪区政府为核心,根据不同社区的时间银行网点的发展需求,建立网格化的组织架构,从而实现特色化的经营方式。

师事务所开展普法宣传,玩具厂为志愿活动捐赠相关的物资,这些特色化的服务内容和多样性的运行机制既解决了资金筹措的难题,又拓展了组织的服务边界。从整体上来看,梁溪区志愿服务时间银行将社区中的组织和个人在其服务平台上充分连接,社会工作者与社区、社区与社会组织、社区与居民之间结成一张服务关系网,从而激发基层自治的活力,提高居民参与自治能动性。

二、形成了政府多部门的支持合力

首先,在时间银行管理方面,区民政局牵头制定全区统一的志愿服务时间银行运行系列标准或规范,确保时间银行发展有规可依。并采取政府购买服务的方式,委托专业第三方机构统筹负责时间银行的组织发动、运行管理、监督评价及时间币的审核认定等工作。此外,区民政局还负责搭建志愿服务时间银行管理信息平台,实现志愿者和服务对象注册、需求发布、服务过程、时间存入及转移、服务评价等信息管理;区发改委、区公安局负责提供相关信用、违法记录信息;区卫健委加强对志愿服务中涉及老年疾病防治、老年人医疗照护、老年人心理健康与关怀等老年健康服务的业务指导;区人社局加强对志愿者培训的指导;区财政局负责提供时间银行经费保障;区委宣传部(文明办)负责对志愿服务时间银行进行宣传,并纳入全区统一的志愿服务奖励体系;区慈善总会负责志愿服务时间银行基金管理,向社会募集资金等。

其次,在志愿者动员方面,区委组织部根据在职党员、国家公务员的职业特点和个人专长,适宜、适时、适度地组织他们参加社区志愿服务活动;区教育局探索建立健全学生志愿服务管理办法,研究制定学生志愿服务政策并督促落实,加强学生志愿服务工作与时间银行工作的衔接,协助对接学生志愿团体工作,整合、接入志愿服务力量;区总工会、团区委积极向条线志愿者宣讲志愿服务时间银行相关信息,并引导注册,教育、引导成员积极参与志愿服务活动;街道和社区鼓励和动员社区党员、身体健康的离退休人员、有一技之长的居民,积极参加社区志愿服务活动。

最后,在福利资源整合方面,区文旅局探索区域内文博场馆、旅游景点、公共图书馆等政府公共服务资源,为优秀志愿者及服务对象提供优待,提供免费或优惠文旅服务;区商务局协调引导餐饮店、商场、超市、理发店、洗衣店等市民高频生活服务场所加入志愿服务时间银行,为老年人及儿童提供公益便民志愿服务,加入梁溪区志愿服务时间银行公益资源库,向志愿者提供免费或优惠服务对接。

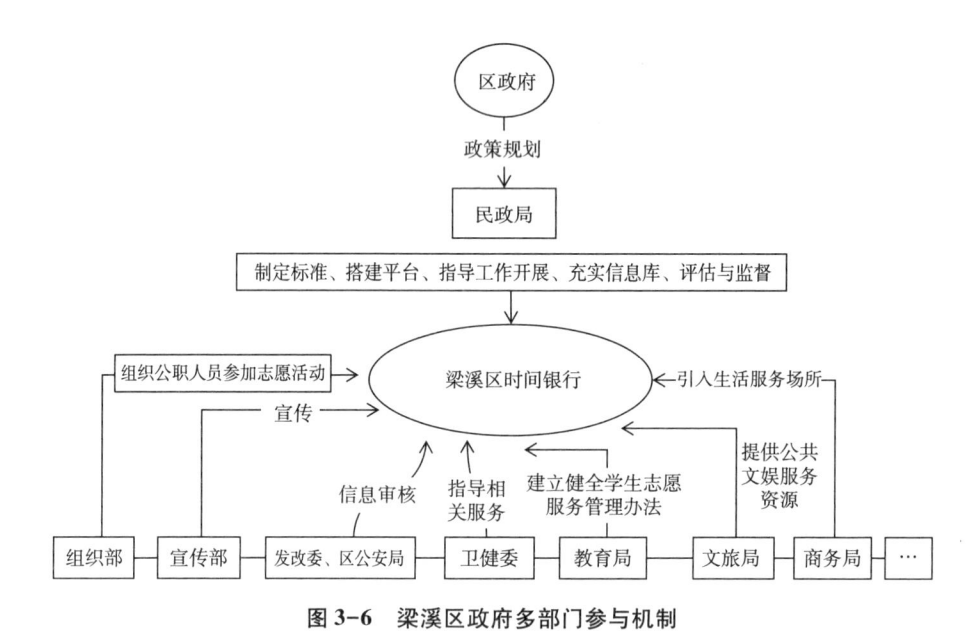

图 3-6 梁溪区政府多部门参与机制

三、推动了志愿资源的共建共享

为避免同质化以及重复的志愿服务活动,提高服务的效率和质量,梁溪区志愿服务时间银行计划通过以党建服务圈、文明实践圈和困难帮扶圈为一体的"三圈合一",使志愿资源在志愿服务时间银行的平台上达到深度融合与共享,达到了"平台共享,信息共通,资源共用"的效果。

梁溪区志愿服务时间银行在系统平台成立了党员专区,党建联盟单位可通过时间银行纳入平台统一管理,建立积分管理制度。党建联盟单位首先注册成为团体志愿者,以团体身份报名参与社区发布的公益招募活动,联盟单位以出人、出力的方式参与志愿活动,并参照个体志愿者进行积分。联盟单位捐款捐物将按照统一标准折算为积分,被服务社区通过时间银行平台定期维护联盟单位志愿积分,联盟单位在不同社区的志愿服务积分通过累计,由区、街、社三级每年对参与社区治理贡献突出(积分高)的联盟单位进行表彰,进一步提升党建联盟单位参与社区治理的积极性,凝聚社会合力。

党建资源与志愿服务时间银行的结合可以有效地减轻成本投入,并且可以给志愿服务时间银行的志愿服务提供实践基地。例如:一些节假日期间,社区党组织一般会组织开展各类活动,活动的组织需要对接相关志愿服务人员,时间银行的平台可以招募党员、群众、党建联盟单位、社会组织等多方志愿力量,整合多部门资源,提高工作效率。党建联盟给志愿服务时间银行的发展提供了各类资源,时间银行为党建引领社区治理提供了平台和工作具象化展示的窗口,两者优势互补,实现了线上+线下的共建共享。

第五节　梁溪区志愿服务时间银行的发展困境

一、平台建设尚未完善

在使用端,由于老年人文化水平普遍较低且学习能力下降,对于信息技术的使用与适应能力相对于年轻人较弱,加之"梁溪区时间银行"小程序的一些操作步骤与功能比较复杂,使其难以快速掌握相关手机与系统的操作方法。虽然社区街道以及志愿服务时间银行的管理者都对老年人进行了使用培训,但由于老年人不会频繁使用时间银行小程序,长期未用之后就会遗忘。还有部分老年人经过多次学习和培训后,依旧无法正确操作志愿服务时间银行小程序功能的软件导致参与积极性受到影响。"梁溪区时间银行"小程序作为时间银行的服务平台,其设计的初衷在于操作方便,记录可追溯,实现服务信息匹配等功能。但在志愿互助的实践中,以手机小程序为代表的服务平台反而成了老年人的"拦路虎",使得老年人与志愿服务时间银行之间产生"数字鸿沟"。

在管理端,梁溪区志愿服务时间银行暂时无法实现跨地时间兑换。通存通兑通常指单个的时间银行"储户"便能够在时间银行管理范围内任意地点进行时间储存与时间兑换。然而无锡时间银行所设立的层级较低,仅在梁溪区进了试点,其他区县尚未推行,这就导致志愿者如果离开了梁溪区,将无法兑换个人的服务时长,从而抑制其参与时间银行志愿服务的积极性,不利于志愿服务时间银行的可持续发展。

二、资金来源渠道单一

梁溪区志愿服务时间银行的平稳运营除政策规定的制度保障外,资金保障同样是必不可少的。政府投入的资金是梁溪区志愿服务时间银行的主要资金来源,其余少量资金主要来自无锡市慈善总会关于志愿服务时间银行模块的资金,以及企业和爱心人士等社会力量的捐赠。梁溪区民政局以购买服务的方式,每年支付50万元用于时间银行委托运营的各项运营工作。而目前梁溪区志愿服务时间银行运营承接机构长期聘用3名专职人员、3名兼职人员,6名工作人员的人工费用以及各类活动组织和机构行政管理费用等成本使运营方面临较大的资金支出压力。并且,随着梁溪区志愿服务时间银行的进一步发展,人工成本的不断上涨,各类活动组织的广泛性、专业化开展以及行政管理费用的上升,志愿服务时间银行的运作将会需要越来越多的资金支持。目前,梁溪区志愿服务时间银行慈善项目的募集资金还非常少,企业和个人捐赠具有明显的不确定性,资金来源高度依赖政府投入。因此,为维持志愿服务时间银行的正常运行,单靠政府本身给予的资金支持是远远不够的。如何扩大志愿服务时间银行的资金来源,提高其筹资能力有待进一步探索。

三、专职管理人员不足

目前,梁溪区志愿服务时间银行负责的业务范围较广且工作流程繁杂。

负责运营中心需要承担招募志愿者,对志愿服务申请进行审查,志愿者招募、培训、考核、表彰,制订志愿服务计划,组织志愿服务活动,指导单位和个人开展志愿服务活动,维护志愿者合法权益,为志愿者提供必要的帮助,开展志愿服务的宣传与交流活动,赔偿相关损失的工作。尤其是组织志愿活动环节中的业务对接工作(政府各个部门对接、企业对接、政企对接),中心专职人员需要耗费更多的精力去对接资源,如从业务资源筛选、确定业务资源,到运营监管、效果汇报都需要志愿服务时间银行的工作者进行全程参与组织。再加上志愿服务时间银行的专职工作人员需要与各政府部门之间沟通协商,了解每个部门的需求,并对部门链接的资源加以筛选和运营,以及做大量的针对性汇报。这也大大增加了时间银行的专职工作人员的工作量,同时也增加了沟通协调的难度。因此,仅靠3名专职人员和3名兼职人员的人力很难对这些工作进行有效应对与开展。并且,专职管理人员的薪酬待遇偏低,对于人才的吸引力不足,又加剧了时间银行人员不足的困境。

四、福利资源拓展困难

梁溪区志愿服务时间银行的志愿分奖励机制的持续发展取决于充足的可兑换资源。而目前,梁溪区志愿服务时间银行的福利资源主要集中于本区内的兑换资源,如古运河游船船票折扣、清名桥饭店菜品折扣、桥洞咖啡饮品折扣、龙船酒吧折扣等。虽然许多兑换资源可由区委区政府统一协调,但仅依靠梁溪区自身的资源对于后续志愿者吸引的力度会存在动力不足的问题。仅以旅游资源来看,无锡市是拥有4个国家5A级旅游景区的旅游胜地,也是游客热衷的打卡目的地,鼋头渚、灵山景区以及新晋级的惠山古镇等颇负盛名,如果这些资源能成为志愿分兑换福利,对志愿者的吸引力将不可估量。但由于很多资源不处在梁溪区的辖区范围内,且相关主管部门又属地市一级,协调与沟通存在不畅。

第六节　梁溪区志愿服务时间银行的发展建议

一、多元主体协力，消弭数字鸿沟

首先，政府应该发挥政策引导与监督作用，助力志愿服务时间银行运营平台积极投入互联网研发及相关系统软件的适老化及无障碍改造，如推出"长辈模式"或"简易模式"，方便老年人使用操作与学习。其次，激发老年人学习智能技术的热情和积极性。随着年龄增长，老年人的记忆力也在衰退，容易遗忘学过的东西，鼓励家人要耐心引导老年人使用志愿服务时间银行应用程序的基本功能，社区也可通过聚焦志愿服务时间银行的高频事项和服务场景，积极开展体验学习、经验交流、互助帮扶等，引导老年人了解新事物、体验新科技。其中，涉及的内容可不局限于时间银行小程序，尝试熟悉智能手机的其他功能更能帮助老年人更好应对数字鸿沟，实现数字无障碍，积极融入智慧社会。最后，加大智能软件使用的培训次数与转变培训方式，鼓励志愿服务时间银行与无锡市相关高校开展合作，引入大学生志愿者加入培训行列。同时也可以鼓励大学生志愿者进入时间银行志愿者服务队伍，将高校的专业优势与青年群体优势与志愿服务时间银行的服务需求进行有效衔接，提升培训效果。

二、整合社会资源，提升筹资能力

社会与志愿组织如何提升筹资能力，而不是单纯依赖财政拨款，这既体现了社会与志愿组织的能力，也是未来的发展趋势。梁溪区志愿服务时间银行运营管理的承接机构，需要通过不断创新进取，在争取稳定的政府购买服务项目的同时，积极争取慈善基金项目；除继续募集企业和个人的爱心捐助外，更需要开拓进取，从多方面提升组织"自我造血"能力。

首先，运营机构要立足于社区，整合利用各种社区资源。包括各种主体如基层党政机关、社区党委、居委会、社区党支部、居民自组织(文体娱乐等组织)专家团队(高校科研院所的学者)等,以及在社区辖区内与社区有联系的各类企事业单位等资源,通过与这些主体协调争取场地、人力、社会网络等资源开展各种活动,并在活动中与社区其他主体良性互动、优势互补共同服务社区。其次,运营机构要积极与社会中的优质企业展开合作,将志愿服务与市场化运营相融合,在符合相关规范的前提下,通过和社区协调,允许爱心企业定期在社区进行产品推广,为赞助企业打公益广告,优先使用其产品与服务等,吸引企业投资与捐赠,实现互利共赢。在符合社会组织财政监管前提下,运营机构可探索开展一些收费性的公益项目,如申请开设福彩售卖点,或者开设公益便利店,联系大供应商以低于普通超市的公益价格提供产品,并针对低收入人群或有需求的人群提供工作岗位,这样既给予了低收入人群生活补助,又可以降低机构的运营成本。最后,运营机构要加强自身能力的建设,通过清晰的战略规划、规范的组织管理等方面提升可持续发展能力,通过提供优质服务、做精服务品牌、加强宣传推广等方式,提升吸引力。积极承接来自企业、基金会、社会组织、个人等服务项目,由依赖政府转向依靠全社会,加强自身筹资能力。

三、充实人员队伍,提高服务能力

工作人员对于志愿服务时间银行的生存和发展起着至关重要的作用。针对工作人员人手不足、能力不足的问题,建议从以下三个方面着手解决。

首先,加强对人员的培训。制订科学的培训计划等内容,重点围绕执行能力、沟通能力、协调能力、创收能力以及解决问题能力等方面对管理与工作人员展开培训。其次,通过招募会员成为管理者的方式以提升工作成效。例如美国社区交换项目从会员当中招募工作人员,其项目应用了时间银行的理念,且第一任工作人员就是由会员来担任。梁溪区志愿服务时间银行的发展应该注重志愿者的人才培养,在做好志愿者培训工作的同时,积极挖掘队伍中的骨干志愿者和管理型志愿者来兼任志愿服务时间银行相关工作,通过其志愿活动的影响力来带动其余志愿者共同有效运作志愿服务时间银行,减轻时间银行的管理成本。再次,加强与社区网格员的合作。充分利用网格员对社区各类群体的及时信息资源获取,精准捕捉志愿服务时间银行服务需求和链接供给,为居民提供"点对点"服务,提升服务效率,降低信息获取成本,从而节约人力。

四、提高运行层次,拓展福利资源

目前,梁溪区志愿服务时间银行的发展呈现出层次低、范围小的发展困境,且发展受当地政策变动影响较大。随着工业化城镇化进程加快,劳动力流动性增强,时间银行地区之间的通存通兑有利于减轻时间银行发展的阻碍。因此积极采取相应措施推动实现时间币的通存通兑很有必要。

首先,应在完善与总结梁溪区试点经验的基础上,加快推进建立无锡市全市统一的志愿服务时间银行制度,统一建设要求、服务内容、人员管理、时间存兑标准等,增加时间携带的便捷性,吸引更多的社会成员加入时间银行,提供志愿服务。其次,在大数据时代,实现志愿服务时间银行跨区域的通存通兑则必须充分发挥利用互联网的优势,积极建设完善网络化信息管理平台。应以政府主导、社会参与的形式,推动志愿服务时间银行信息化建设,统一志愿服务时间银行的建设标准、人员管理、服务存兑管理、时间积分转移接续管理、服务质量评价等相关制度,构建志愿服务时间银行线上信息管理系统和移动终端,突出新平台新系统的兼容性与融合性,加快推动数据共享、信息互通、服务相容,以线上系统管理信息建设推动志愿服务时间银行线下服务网络的连接。最后,在运行层次提高的基础上,进一步明确志愿服务时间银行志愿者的福利需求,深入研究福利资源的需求类别,调动各界企业、商家等社会力量参与,积极对接相关部门,从实用性、多样性、吸引力的角度纳入更优的可兑换资源,为志愿者提供更多的福利。

第三章　无锡梁溪区志愿服务时间银行的探索与实践

无锡梁溪区志愿服务时间银行发展大事记

（1）2021年3月26日，无锡市民政局、江阴市民政局、宜兴市民政局、梁溪区民政局、锡山区民政局、惠山区民政局、滨湖区民政局、新吴区民政卫健局、经开区社会事业局，专题调研了南京市鼓楼区时间银行管理中心及南京市时间银行管理中心。

（2）2021年9月14日，无锡市梁溪区民政局、区委组织部、区慈善总会相关负责同志参观了南京市鼓楼区时间银行，深入了解时间银行在南京的发展，也为两城双区携手、通存通兑进行可行性调研，筹备时间银行梁溪落地工作。

（3）2022年2月27日，由南京、无锡、青岛和溧阳联合开展的时间银行"四城联动·333互助服务行动"在无锡旅游商贸学校正式启动。该活动由梁溪区民政局、无锡市时间银行管理中心、无锡市承阳社会工作服务中心等单位共同组织，主要为老年人和困境儿童点对点提供志愿服务，推动服务人群全覆盖。

（4）2022年3月9日，江苏省无锡市梁溪区学雷锋志愿服务季暨时间银行互助模式正式启动。志愿服务时间银行坚持"以人民为中心"的发展思想，明确"时间传承服务、培育全民志愿"的发展目标，把大家奉献的爱心、付出的时间，用时间银行的方式存储起来，以便志愿者在有需要的时候兑换相应的服务，鼓励和支持全社会的志愿服务行为，保护志愿者合法权益，补足志愿服务"最后一米"。

（5）2022年4月22日，无锡市梁溪区民政局与中国人保财险无锡市分公司签订志愿服务时间银行责任保险项目保险合同，切实保障梁溪区各项志愿服务有序开展，保障志愿者人身安全，防范志愿者在志愿活动过程中过失造成服务对象的各类损失。

（6）2022年5月7日，无锡市梁溪区人民政府办公室印发《梁溪区关于推进志愿服务时间银行的工作方案（试行）》，从时间银行发展的总体目标、实施要求、重点任务、职责分工、实施步骤、保障措施等多个方面做出了详细的规定。

(7)2022年6月,时间银行推进会。区内13个部门及国有企业,分别是区城管局、区文明办、区委组织部、区总工会、区未保委、区委统战部、区机关党工委、经投公司、古运河公司、区民政局,于区民政局办公室开会讨论,共同探索志愿服务时间银行激励机制,推进志愿服务时间银行有序发展。

(8)2022年8月,55岁的志愿者虞阿姨用志愿服务积攒的志愿分,作为首个志愿者在时间银行小程序内兑换了一张古运河游船船票。希望通过志愿分的激励,推动更多的志愿者加入梁溪区志愿服务时间银行中来。

第四章 青岛社区互助养老的探索与实践

第一节 青岛社区互助养老的发展历程

一、青岛社区互助养老的萌芽期

青岛市是全国较早进入人口老龄化社会的城市,早在1987年,青岛市65岁以上人口已超过总人口的7%。根据第七次全国人口普查数据显示,2020年青岛市60岁及以上人口为204.26万人,占20.28%,其中65岁及以上人口为142.98万人,占14.20%[1]。随着青岛市人口老龄化程度的持续加深,家庭与社会养老负担的不断加重,创新养老服务供给模式,提升养老服务供给能力已成为青岛市应对人口老龄化一项重要工作。

青岛市城市互助养老模式缘起于2006年四方区(现市北区)[2]对50个社区所开展的老年人养老需求调查。调查发现,绝大多数生活能够自理的老年人更倾向于在家中养老。为此,针对人口老龄化背景下老年人养老服务需求的不断提升,特别是空巢和独居老人生活照护与精神慰藉问题的日益突出,

---

[1] 青岛市统计局:《青岛市第七次全国人口普查公报(第四号)》,2021年6月8日,见http://qdtj.qingdao.gov.cn/tongjisj/tjsj_pcgb/202112/P020211221592113780247.pdf。

[2] 青岛市四方区原属于青岛市内四区(市南区、市北区、四方区、李沧区),2012年12月,根据国务院、省政府文件批复,对青岛市市区行政区划作重大调整,撤销青岛市市北区、四方区,组建新的市北区。

2006年10月,四方区在阜新路街道两位独自居住的老年人家中率先建立了家庭互助养老点,区民政局、老龄办配置了麻将桌、象棋、扑克等活动器具,由此拉开了以"精神关爱"为主题,"走出家门,自愿结合,互助养老"为内容的社区互助养老的序幕。

随后,四方区老龄办在总结相关经验的基础上,进一步结合老城区特点,联合区民政局,以老年人"自愿结合、互助养老、互相帮助、共建和谐"为基本原则,"快乐源于互助"为主要理念,在有条件的老年人家中陆续设立互助养老点,开始探索"政府搭建平台、社区提供服务、老人牵手互助"的社区互助养老新模式。2007年,互助养老工作在四方区全区得到推广,并连续被列入区政府为民要办的实事之一,在人、财、物方面获得了相应的扶持。通过开展互助养老活动,一些低龄老人和身体较好的老人开始主动照顾高龄老人和身体偏弱的老人,老人之间相互关心、相互照应的氛围在四方区的一些社区逐渐兴起,受到老年人的广泛欢迎。

二、青岛社区互助养老的发展期

2008年2月,青岛市将社区互助养老列入养老服务"双千计划"[1],开始在市内四区(市南区、市北区、四方区、李沧区)推广。养老服务"双千计划"要求新建1000处社区互助养老点。其中,建立社会养老互助点800处(市南区、市北区、四方区各210处,李沧区170处);改扩建社区托老所或日间照料场所100处(市内四区各25处),每处面积不少于200平方米;改扩建社区老年人娱乐室100处(市内四区各25处),每处面积不少于150平方米。并且,还要求全市社区互助养老点要逐步统一名称和统一标识。在养老服务"双千计划"的推动下,截至2008年9月,青岛市内四区已建成并投入使用社区养老互

---

[1] 2008年2月,青岛市政府发布《关于2008年在城乡建设和改善人民生活方面重点办好12件实事的通知》提出实施养老服务"双千计划"。即在市内四区开展居家养老服务,新增政府购买服务的困难老年人1000人;在市内四区开展社区养老服务,新建1000处社区互助养老点。其中,800处社会养老互助点,100处"托老所",100处老年人娱乐室。"双千计划"总投资约3800万元,由市财政、市福彩公益金按1:1的比例分担给予资金补助。

助点783处,计划完成率为97.9%;社区托老所或日间照料场所176处,计划完成率为88%。截至2009年底,青岛全市已建有社区日间照料中心和互助养老点1103处。

2011年8月,青岛市发展和改革委员会发布《青岛市"十二五"社会事业发展规划》,提出完善以居家养老社会化服务为基础,机构养老为支撑,互助养老和志愿服务等为补充的养老社会服务体系。并进一步提出社区实施"十项服务"承诺制,即在全市各社区居委会开展预约办理、及时登门、学生托管、家政便民、家庭看护、老年保健、征询意见、提供信息、巡视巡查、邻里互助等"十项承诺服务"。2012年12月,青岛市政府出台《关于进一步加快养老服务业发展的意见》(青政发〔2012〕60号),鼓励各级政府及社会力量采取多种形式为老年人提供短期托养、膳食供应、生活照料、健身娱乐等服务,发挥社区养老平台依托作用,强化社区养老互助点管理,促进社区养老全面发展。

2013年9月,青岛市民政局发布了《关于规范社区养老互助点管理工作的通知》(青民福〔2013〕16号),加强了社区养老互助点的规范管理。同年10月,青岛市人民政府办公厅制定《关于加快社会养老服务体系建设任务分工的通知》(青政办字〔2013〕125号),又明确了社区互助养老工作的责任归属。2015年5月,青岛市施行《青岛市养老服务促进条例》,鼓励居民开展互助式养老服务。2016年12月,青岛市政府出台《关于加快推进养老服务业发展的实施意见》(青政发〔2016〕36号),进一步提出鼓励邻里结对帮扶、互助,建设邻里互助养老点的要求。截至2018年4月,青岛市已建立社区养老互助点1726个,参与老人超过1万多名。

三、青岛社区互助养老的深化期

面对人口老龄化问题的日益严峻,为了扩大社会养老服务的有效供给,2019年12月,山东省政府办公厅印发《关于推进养老服务发展的实施意见》(鲁政办发〔2019〕31号),提出要大力开展互助养老服务,培育养老服务志愿者队伍,2020年年底前,建立"时间银行""学生社区志愿服务记学分"等互助志愿服务记录和激励机制。同月,青岛市也出台了《关于深化养老服务改革全面提升养老服务水平的实施意见》(青政发〔2019〕32号),提出要建立养老服务时间银行,鼓励志愿者为老年人提供养老服务,按一定的规则记录储存服务时间。这两项意见的出台,为青岛市社区互助养老服务模式的深化发展提供了政策指引。2020年4月,青岛市民政局出台了《青岛市养老服务时间银行实施方案(试行)》(青民字〔2020〕24号),并同时发布了《青岛市养老服务时间银行实施细则》,正式建立起了养老服务时间银行制度。同年8月,青岛市市民政局首先选择城市建设相对完善和老年人口比较密集的市南区,以及地处城乡接合地带的城阳区和拥有广大农村地区的青岛西海岸新区作为试点地区先期开展了养老服务时间银行服务。2021年,养老服务时间银行在试点成功经验的基础上正式在全市推广,标志着青岛市社区互助养老开始以时间银行为载体,进入2.0时代。

第二节 青岛社区互助养老的运行方式

一开始,青岛对于城市互助养老的组织与建设,主要采取了政府支持、社区为主、社会参与、民间运营的运行方式,并以社区互助养老点为载体逐渐形成了政府搭建平台,老人牵手互助的志愿互助养老模式。

在设立条件上,社区养老互助点只要满足常年参与活动老年人不少于5人;楼层适宜,老年人出入方便,活动面积不少于15平方米;配备必要文化娱乐用品;符合安全要求等基本运行条件均可申报设立。社区养老互助点一般优先在符合基本运行条件的独居或空巢老年人家庭设立。一些在社区公共服务用房内的老年人娱乐活动点,符合基本运行条件的,也可申报设立社区养老互助点。设立成功的社区养老互助点会纳入区民政局和相关部门统一管理,并且年度开展活动时间不少于260天,活动时间、参与人员和活动项目也需记载详实。另外,社区养老互助点要在明显位置悬挂"社区养老互助点"及各区统一编号标识,相关制度上墙或配备管理手册,安全措施配备与执行到位。

在运营程序上,社区养老互助点以自愿申报为原则。即申请人(老年人)设立社区养老互助点首先需要在社区(村)进行登记,对其姓名、年龄、性别、联系方式、家庭住址、家庭情况(独居/空巢/困难/普通),以及长期参与活动老人的基本情况等内容进行登记备案。登记备案完毕后经所在社区同意后报街道(乡镇)进行审核。街道(乡镇)审核同意后再报区(市)民政局进行认定。区(市)民政局认定通过后对符合要求的社区养老互助点给予互助点编号,编号挂牌后社区对互助点情况进行公示。通过认定的社区养老互助点可获得区(市)民政局、市财政局运营补助(运营补助自认定后的第二个月起计发),以及相关老年人活动器具与生活设备。此外,申请人(老年人或社区)如要撤销社区养老互助点,也需进行社区养老互助点备案,对其姓名、家庭住址、互助点编号、设立备案时间、注销原因、申请注销时间等内容进行注销备案。注销备案完毕后经所在社区同意后报街道(乡镇)和区(市)民政局备案与批准。社区养老互助点运营补助也于注销或撤销备案第二个月起停发。服务与活动期间,社区养老互助点的日常运营与资金管理主要由民政部门负责进行监督检查。民政部门、街道、社区会采取定期与不定期抽查、回访等方式对社区养老互助点进行督查,对活动好的社区养老互助点予以通报表彰,对于长期不开展活动、活动人数不符合要求的社区养老互助点会予以撤销。(如图4-1所示)

在互助内容上,社区养老互助点主要以老年人家庭以及社区公共服务用房为载体提供服务,所提供的服务更加聚焦于一些相对简单的日间生活类服务和休闲娱乐类的活动。具体而言,老年人或是社区一方面会主动将一些具有共同爱好的老年人组织到一起开展一些棋牌、阅读、歌唱、跳舞、书法、绘画等文娱活动;另一方面也会围绕老年人的日常之需开展一些助餐、助急、助医、代买、精神慰藉、养生保健、老年教育等照顾服务,有效解决了老年人基本照护、心理空虚、社会参与等养老难题,也在很大程度上减轻了子女的负担和社会的压力。除此之外,部分社区还会依托互助点的老年人探索异地养老、旅游

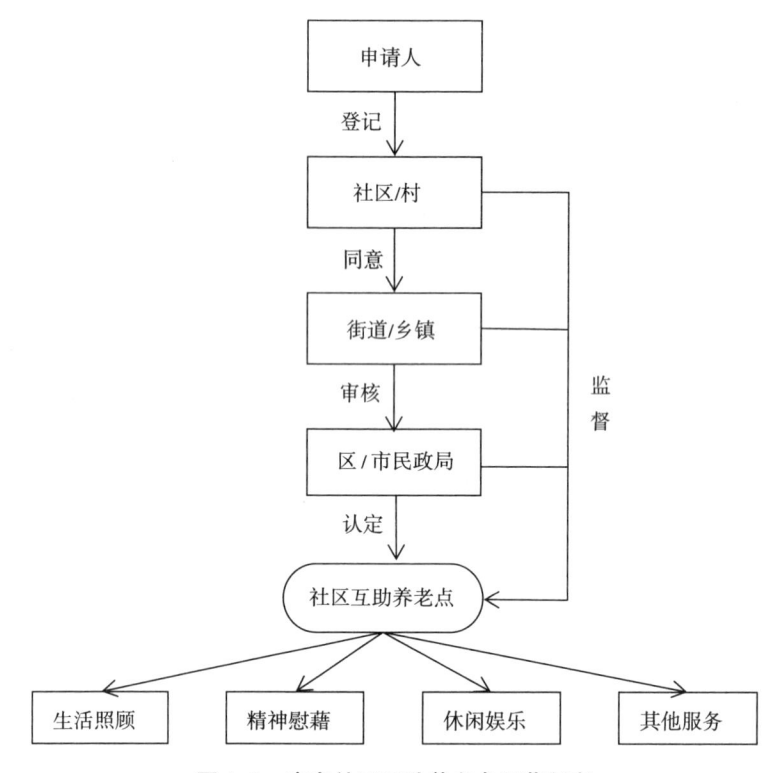

图 4-1　青岛社区互助养老点运营程序

养老等新型养老模式。例如有些社区多次组织身体条件较好的互助点老人开展"百名老人游大连""百名老人海上观光"等活动,满足了老人渴望了解外界、丰富精神生活的愿望。

2020 年,随着时间银行机制的引入,青岛市城市互助养老逐渐形成了"年轻时为老服务存储时间,年老时需要服务兑换时间"的运行模式。具体而言,符合条件的社会个人与社会团体①均可通过"青岛养老服务时间银行 APP"注

---

① 青岛养老服务时间银行的志愿者主要分为个人志愿者和团体志愿者。要成为个人志愿者需满足年满 18 周岁、有公益服务精神、有从事养老服务的时间、身体健康、无个人信用不良记录和严重违法记录等基本条件。提供专业服务的志愿者需执有国家有关部门颁发的职业证书。团体志愿者的基本条件为有独立法人资格(信用等级在 A 级以上,不得开展涉嫌诈骗或非法集资活动)的团体。

册成为青岛养老服务时间银行志愿者。通过注册后,养老服务时间银行志愿者即可在"青岛养老服务时间银行 APP"上领取订单,开展服务。完成相关服务及双向评价后,志愿者的服务时长会转换成时间币记录在养老服务时间银行个人账户中,未来可将自身储存的服务时间留到自己年满 60 岁后使用,也可赠予他人使用。就服务对象而言,目前青岛养老服务时间银行的主要服务对象为 80 周岁以上城镇户口空巢独居老年人、农村留守老年人①,以及时间银行个人账户上存有时间的 60 周岁以上老年人。服务对象可以在"青岛养老服务时间银行 APP"上下单,接受志愿者提供的相关服务,如助餐、助医、助浴、助洁、助急等服务。(如图 4-2 所示)

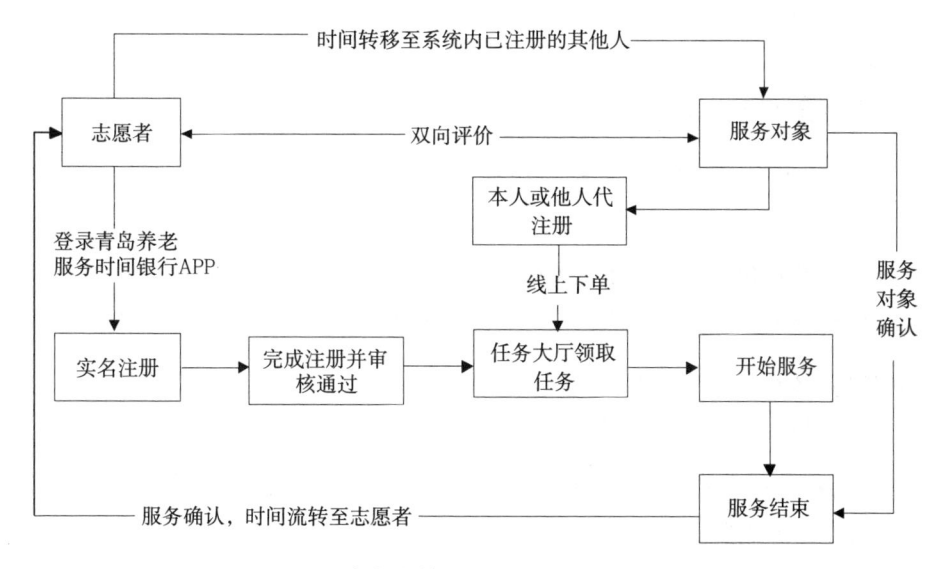

图 4-2 青岛市养老服务时间银行运行流程

---

① 按照《青岛市养老服务时间银行实施细则(试行)》(青民字〔2020〕24 号)规定,城镇 80 周岁以上空巢独居老年人是指没有子女或与子女不在同一街道(镇)居住的且连续 3 个月以上独自生活的城镇户口老年人。农村留守老年人是指因子女离开农村户籍地区级范围务工、学习、经商或从事其他生产经营活动等 6 个月以上,老年人自己留在户籍地生活,身边无赡(扶)养人或赡(扶)养人无赡养能力的 60 周岁以上的,在青岛市农村留守老年人信息平台上备案的农村户籍居民。

第三节　青岛社区互助养老的主要特点

青岛市社区互助养老在发展过程中,根据青岛市自身地方特色,因地制宜,逐渐形成了如下主要特点:

一、政府主导给予多重支持

在政策支持方面,自2006年青岛市四方区开启城市社区互助养老探索以来,四方区先后出台了《关于开展互助养老工作的通知》《四方区互助养老管理制度》《四方区互助养老公约》,为社区互助养老奠定了制度架构。2008年社区互助养老全市推开后,政府又将社区互助养老纳入养老服务"双千计划"。2013年9月,青岛市民政局发布了《关于规范社区养老互助点管理工作的通知》(青民福〔2013〕16号),进一步规范了社区互助养老的组织与管理。此外,《关于加快养老服务业发展的意见》(青政办发〔2009〕24号)、《关于进一步加快养老服务业发展的意见》(青政发〔2012〕60号)、《关于加快推进养老服务业发展的实施意见》(青政发〔2016〕36号)等文件,也都就社区互助养老的发展制定了支持性政策。对于养老服务时间银行的建立,青岛市民政局出台了《青岛市养老服务时间银行实施方案(试行)》(青民字〔2020〕24号),明确青岛市养老服务时间银行的总体要求、重点任务、实施步骤和保障措施,并制定了《青岛市养老服务时间银行实施细则》等系列规范与标准。

在资金支持方面,青岛市为保障社区养老互助点的基本运行,自2008年制度建立之初就安排市财政予以每处每月100元的运营补助,并鼓励区财政增加对其生活、服务与娱乐设施与项目的配套支出。2016年12月,青岛市政府又加大了对社区养老互助点的补助政策,将补助标准从每处每月100元提高到200元,使更多老年人享受到互助养老的便捷服务和活动乐趣。对于养老服务时间银行的运营,青岛市各区(市)也都相继安排了专项资金,或者已经有了资金投入的计划。例如市南区民政局每年投入24万元,市北区民政局计划每年投入18万元,平度市民政局计划每两年投入18万元,城阳区民政局计划每年投入10万元,定向用于养老服务时间银行开展的各类平台建设、系统维护、业务管理与服务活动等。

二、民政牵头搭建管理体系

政府除了发布社区养老互助点、养老服务时间银行管理和实施等重要政策文件以外,为了确保社区互助养老的有效运转,青岛市各级民政部门还构建了纵向一体的社区互助养老管理体系。在社区养老互助点的管理上,市民政局主要负责全市社区养老互助点的制度设计。区(市)民政局主要负责社区养老互助点的认定、宏观指导、运营抽查等工作。街道(乡镇)主要负责社区养老互助点的审核、具体业务指导、运营定期监督等工作。社区(村)主要负责社区养老互助点的登记备案、互助养老活动与业务具体组织,以及养老互助点的日常管理与检查。在养老服务时间银行的管理上,青岛市民政局成立了市时间银行管理中心,主要负责全市养老服务时间银行标准化、信息化、法制化建设。各区(市)民政部门也成立了区(市)养老服务时间银行管理机构,主要负责制定时间银行配套文件,具体落实时间银行标准化、信息化、法制化建设,指导街道(乡镇)养老服务时间银行服务点运营等工作。街道(乡镇)和社区(村)分别设立了养老服务时间银行服务点,主要负责辖区内养老服务时间银行的培训、宣传,协助志愿者与老年人注册等工作。

三、团体力量提供专业服务

青岛社区互助养老一直注重包括爱心企业、社会组织、社会团体、机关事业单位等团体社会力量的引入,打造了一批专业化的团体志愿者队伍,面向服务对象开展多种多样的专业化服务,并已逐渐成为青岛社区互助养老发展过程中的一大亮点。截至2022年6月,已有30多家专业的志愿者团队(见表4-1)被纳入社区互助养老服务的供给体系,专业涵盖医疗、法律、金融等领域,专业人员的类型涉及医生、护士、律师、机关公务员、公交车司机、家政服务员、交通警察、高等院校学生等,专业服务项目也包括义诊、疾病预防、法律知识普及、法律援助、法律咨询、司法咨询、家政服务、金融知识培训、智能设备使用辅导等内容。例如:

表4-1 青岛社区互助养老主要团体志愿者清单

序号	团队名称	简介
1	青岛社会老年大学志愿服务队	培训、讲课、唱歌、跳舞等
2	青岛农商银行贵州路支行志愿服务队	培训金融方面知识,上门送餐等
3	青岛城运控股公交集团礼沧乐巴志愿服务队	可参与多方面为老服务活动
4	青岛大学附属医院志愿服务队	专家医疗义诊志愿服务
5	青岛幸福之家志愿服务队	养老服务,培训预防老年疾病等,唱歌跳舞等
6	青岛康乾医疗志愿服务队	医疗义诊志愿服务,防疫物资捐赠等
7	青岛庆伊百草志愿服务队	捐赠物理冰袋等
8	青岛大学计算机院志愿服务队	培训讲课、唱歌跳舞、上门送餐等
9	青岛邻里汇志愿服务队	养老服务,培训讲课、唱歌跳舞等
10	青岛康桥律师事务所志愿服务团队	专业法律团队:培训法律方面知识等
11	青岛福柏眼科志愿服务团队	专业眼科团队:培训眼科方面知识
12	青岛农商银行香港中路支行志愿团队	培训金融方面知识、上门送餐等
13	青岛惠康老年公寓志愿服务团队	养老服务,培训预防老年疾病等,唱歌跳舞等
14	青岛金湖路街道大食堂志愿服务队	养老服务,上门送餐等

续表

序号	团队名称	简介
15	青岛蔚来车友服务团队	车友公益社团:可参与多方面活动,可捐赠物资等
16	青岛星河志愿服务队	养老服务,上门送餐、唱歌跳舞等
17	青岛保时捷中心志愿服务队	可参与多方面活动,如捐赠物资等
18	青岛电信公司市北分公司志愿服务队	与宽带及手机相关志愿服务、免费维修及社区老年人关爱等
19	青岛京东健康志愿服务队	培训老年人健康管理知识、组织老年人参加"为百名老党员提供机器人1分钟健康评估报告"活动
20	青岛即墨老酒志愿服务队	培训讲课、精神慰藉等
21	青岛隧道巴士志愿服务队	可参与多方面活动,"孵化服务中心"设立点
22	青舍家政志愿服务队	专业家政清洁等
23	青岛卫校志愿服务队	培训讲课、唱歌跳舞,孵化专业急救知识志愿者等
24	山东省青岛市黄海公证处志愿服务队	法律援助志愿服务及相关财产公证咨询服务等
25	青岛德贤糖尿病医院志愿服务队	培训专业医护知识等
26	青岛南区太平洋房产经纪有限公司志愿服务队	上门送餐、精神慰藉等
27	青岛金门路街道4S社区志愿服务队	可参与多方面活动、可捐赠物资等
28	中建一局山东分公司志愿服务队	上门送餐、精神慰藉、可捐赠物资等
29	山东红星美凯龙志愿服务队	物资及善款捐赠等
30	中国海洋大学影视与传媒学院志愿者服务队	志愿团队上门送餐、精神慰藉、智能设备辅导等
31	青岛益康德志愿服务队	医疗义诊志愿服务、防疫物资捐赠等
32	青岛安徽商会志愿服务队	可参与多方面活动、可捐赠物资等

续表

序号	团队名称	简介
33	青岛酒店管理学院志愿服务队	志愿团队上门送餐、精神慰藉、智能设备辅导等
34	青岛市中级人民法院党员志愿服务队	法律咨询、精神慰藉等
35	青岛市司法局党员志愿服务队	司法咨询、精神慰藉等
36	青岛市南区交警大队志愿服务队	上门送餐、精神慰藉、特殊困难老人关爱等

资料来源:根据调查资料整理所得。

医疗志愿者团队为老年人进行专业化医疗服务。如青岛大学附属医院、德贤糖尿病医院等志愿团队会在全市范围内采取线上问诊与线下入户相结合的方式,通过其分支机构为社区老年人定期进行专家讲座、提供义诊,并安排新来的实习医生走访社区。律师志愿者团队为老年人提供专业法律援助等服务。如康桥律师事务所志愿服务团队为有需求的老年人提供法律援助、法律咨询、普法宣传、遗产纠纷处理等爱心公益服务。金融系统的志愿者团队为老年人提供防金融诈骗服务。如青岛农商银行香港中路支行志愿者团队帮助老年人全面了解金融诈骗犯罪分子的惯用手段及作案方式,告诫广大老年人遇到各种骗局的应对原则,提高老年人防诈意识。家政志愿服务团队,如青舍家政志愿者团队利用自身的专业设备、工具等,为服务对象提供日常保洁、物品收纳、家电清洗、新居开荒、消毒杀菌、除螨除尘等标准化家政服务,基本上涵盖了一个家庭日常生活中所需服务的方方面面。

青岛青舍家政志愿者团队参与时间银行为老服务案例

青岛青舍家政有限公司位于青岛市区,是一家以个人家庭和政企单位为主要客户的家政服务公司。主营业务包括日常保洁、全屋收纳、家电清洗、新居开荒、消毒杀菌等服务。青舍家政志愿者团队成立于2022年1月7日。成立之初,团队成员仅有7位年轻人,彼此之间是大学同学,年龄均分布在24—

26岁。经过半年多的发展,团队成员已经扩展到16人。

自青舍家政志愿者团队成立以来,志愿者团队深入社区,预约上门,主要为服务对象(老年人)开展日常保洁、家电清洗检修、家庭隐患排查、除湿除螨等标准化的专业家政志愿服务。截至2022年8月底,青舍家政志愿者团队已经为不同社区老人开展了共计46次的家电清洗、家电检修等服务。由于团队成员年轻有朝气,服务标准化而且专业化程度较高,得到许多老年人的交口称赞,营造了良好的企业形象。例如2022年8月18日,青舍家政志愿者团队在市南区八大关街道社区中心食堂开展了厨房清洁志愿活动。团队成员们在这次志愿服务中提到:每一次为老年人服务都是一种奉献爱心的过程。在今后,我们要充分调动社会每一份力量,为老人们办实事、办好事,真心关注他们的生活和健康,使广大老年人感受社会的一份关心,为岛城养老工作作出新的更大的贡献!

第四节　青岛社区互助养老的发展成效

青岛市社区互助养老模式自建立以来,保持着快速发展的态势,无论是设施建设数量还是参与人数都得到大幅度提升。特别是在探索积极应对人口老龄化的过程中,青岛社区互助养老结合地域特色,发挥出了诸多优势,并在以下几个方面取得突出成效。

一、促进了社会资源的整合与有效配置

在建设与发展社区互助养老的过程中,青岛市各区因地制宜,尝试引入社会个人以及各类组织与机构,整合社会资源,不断壮大互助者队伍,多元联动,增强合力,让爱心人士、爱心企事业单位、社会组织等通过互助养老发挥更有效的作用,以缓解养老服务资源匮乏、养老人才不足等问题。具体而言,青岛市社区养老互助点和养老服务时间银行发挥平台作用,汇聚各方资源进行整

合与有效配置,既为老年人提供了暖心的互助服务,也对新型养老模式进行了广泛宣传。在此过程中,尤其是一些各团体志愿者主动参与,开展了许多为老服务活动。如青岛时间银行蔚来车友服务团队和青岛保时捷中心志愿服务队组织"带老年人看海"活动、青岛电信公司志愿服务团队通过赞助养老服务时间银行志愿者小马甲的方式组织"万人马拉松"活动等,都取得了良好的社会效益。

二、社会化养老服务需求得到更好满足

面对人口老龄化速度不断加快背景下青岛市老年人社区居家养老需求提升与社会养老服务力量不足的矛盾,社区互助养老恰好能够利用社会资源提供各类服务,弥补养老人员短缺,满足老年群体日益增长的社会养老服务需求。青岛社区互助养老所提供的服务主要包括日间生活类、精神慰藉类、休闲娱乐类的服务与活动。特别是养老服务时间银行所搭建的资源链接平台,使得互助服务的种类进一步扩展至助餐(包括上门送餐和帮助购买食蔬等)、助医(陪同就医、按医嘱代为取药和购买药品等)、助浴(包括洗浴看护和接到养老服务站点洗浴等)、助洁(包括理发、家务整理、帮助清洗衣服等)、助急(包括心理疏导、日常生活应急协助等),甚至是一些专业服务,如生命体征监测、安全护理、口腔护理、压疮预防及护理、留置尿管的护理、失禁护理、吸痰、安宁疗护等。这些服务几乎囊括了老年人居家生活的方方面面,可以为老年人的日常所需提供多元化的养老服务。

三、为各类群体提供了志愿服务的平台

当前越来越多的城市老年人开始重视精神层面的需要,希望年老和退休之后自己生活能过得更加充实,自己的所长还能够有用武之地。为此,无论是社区养老互助点还是养老服务时间银行都鼓励有能力的老年人用现今的优势为需要帮助的他人提供相应服务,积极参与社会事务,创造更多的自我与社会价值。例如,在社区养老互助点的申请上,青岛民政局规定需优先在独居或空

巢老年人家庭设立,并且还需楼层适宜,出入方便,活动面积不少于15平方米。这样既照顾到了独居或空巢老年人的精神需要,又充分利用了他们的家庭资源。此外,通过调查发现,参与社区互助养老的志愿者中,年龄在50周岁及以上的志愿者占比40.03%。许多老年或准老年志愿者表示,参与社区互助养老的服务与活动能减轻退休后的失落感,丰富老年生活,延续健康状态。年龄在50周岁以下的中青年志愿者的数量也在不断地扩大。所参与的人员类型也包括大学生、医生、护士、律师、公务员、公交车司机、警察、家政服务员等诸多职业或身份。他们通过参与社区互助养老活动,将空闲的时间和闲置的资源转化为养老资源,诠释了志愿服务"奉献、友爱、互助、进步"的精神。为了使未来社区互助养老拥有更多的专业人才,青岛市养老服务时间银行还开展了养老人才孵化行动。如2022年市南区成立了时间银行创新服务孵化中心,定期举办特色品牌项目的培育和展示活动,邀请本地专家开展青年学雷锋精神的特色宣讲,对接医疗资源开展专业人才技能培训项目等。以此培养专业、高能的养老服务志愿者,为社区互助养老输送更优质的人才及团队。

四、助推了志愿服务精神的蔚然成风

青岛社区互助养老模式的推行,在很大程度上改善了社会上对老年人"老而无用"的错误认知,营造了老有所为的积极老龄社会观,有助于营造尊老、爱老、敬老的健康社会氛围。一方面,在社会关系网络较为稳定的老城区和老小区,邻里关系作为家庭与社会联系的媒介,是精神文明创建的重要内容。充分发挥老城区和老小区"类熟人社会"的优势,因地制宜建立社区养老互助点,以此为载体开展各类服务与活动,可以增进居民间的彼此友谊,促进邻里关系的融洽,养成互帮互助的文明风气。另一方面,在代际关系相对淡薄的年轻与老年群体之间,鼓励支持年轻人与老年人尤其是高龄、空巢、独居等困难老年人结对关爱,有助于打破现代代际关系趋向冷漠的格局,促进人与人之间的信任与友谊的形成,对构建互惠和谐社区具有重要意义。另外,社区互助养老各项服务与活动的开展,社会力量的大量参与,使得"奉献、友爱、互助、进步"的志愿、互助精神也得到了社会的普遍认同和实践。

第五节 青岛社区互助养老的发展困境

自2006年青岛城区开始尝试社区互助养老以来,从初期的探索萌芽,到后来的建立推广,再到如今的深化发展,青岛社区互助养老不断成长壮大,目前已形成较为完善的管理体系与供给系统。但是在发展过程中,社区互助养老也面临着一些困境。

一、部门协同不足影响工作推行

青岛社区互助养老的社会参与氛围和项目互助机制决定这一制度的可持续发展既需要政府进行信用背书,也需要政府多部门的协同联动。然而,从目前社区互助养老所推行的实际情况来看,除了民政部门,其他部门参与相对不足,使得社区互助养老相关工作的开展经常受到阻碍。

一是各区(市)对社区养老互助点和养老服务时间银行的重视度不足导致区域间社区互助养老的发展相对失衡。以养老服务时间银行为例,由于时间银行互助养老模式在青岛市推行的时间还不长,许多部门对其态度尚不明确,各区(市)对这一模式的看法不一,导致该模式在推广的时间点上不一致,许多工作开展也并不充分。根据2021年青岛市对养老服务时间银行的考核,时间银行在各下辖区(市)的发展十分不均衡。如市南区、西海岸新区、平度市、胶州市、莱西市的志愿者人数、服务对象人数、服务订单数量、服务时长均明显高于其他区(市),而市北区、即墨区、李沧区服务订单数量还不足10单、总服务时长也不到5个小时,并且这一排名靠前区(市)与落后区(市)的差距还有继续拉大之势。

二是多部门联合风险核验机制的缺失限制了志愿者的筛查和选取。由于缺少多部门联动,青岛市社区互助养老的人员数据尚未和公安系统与金融系统接通,相关部门和平台在对志愿者资格进行筛选时获取的信息有限,难以甄别登记与注册用户的犯罪记录和信用记录。因此,社区互助养老在很大程度上只能通过社区推荐和单位担保的方式进行站点的选取以及志愿者的筛选。这就造成志愿者筛查和选取工作推进较为缓慢,各类互助服务与活动的开展也存在一定的隐患。

二、市场化程度有待进一步提升

目前,青岛社区互助养老的站点工作与平台管理主要依靠政府的财政支持来维持基本运营。其资金来源的渠道比较单一,自我造血能力较弱,市场化运行程度还比较低。从发展角度来看,一直依靠政府的资金支持并不利于青岛社区互助养老的发展壮大。对于一个社会化运行的组织来说,实现相对稳定的资金来源,能够维持自我运营,是自身生存和发展的根本。尤其是一些企业化组织的加入,除了奉献爱心体现社会责任之外,也想通过所付出的善举,获得社会的关注,或是对其所服务对象实现消费的转化,为自身"引流"。而目前的社区互助养老运营模式却不足以支撑其经济效益和社会效益目标的实现。此外,对于养老服务时间银行而言,由于目前团体志愿者时间货币的存储机制尚未完全建立,因此以目前的运营模式,青岛养老服务时间银行在吸引企业组织加入,以及保持志愿团体活力方面存在障碍。总之,社区互助养老虽然倡导志愿性,但它同时也是一个服务交换的机制,需要广大社会资源的注入。只有在市场化与志愿化之间探索出一条创新发展之路,方可实现永续发展。

三、风险管理缺位暗埋安全隐患

一是人身安全风险管理缺位。受财政支持力度有限、制度设计不足等多种因素的影响,市、区层面尚未提供社区互助养老服务供需双方意外保险的专项预算,这就导致在互助服务过程中遇到身体伤害、交通意外、服务纠纷等突发状况时,志愿者个人、志愿者团体和服务对象难以保障自身安全。人身安全问题如果发生,将极易导致社会大众对参与志愿服务行为的担忧及不信任。

二是风险预防机制缺位。在尚未给服务供需双方购买意外保险的情况下,建立风险防范机制至关重要。社区互助养老对象大部分为年龄较大,身体机能脆弱的老年群体,服务的提供方则多为缺乏专业知识的社区居民,二者在服务过程中可能会出现一些突发状况。虽然在已发布的相关管理文件中,对于社区互助养老服务的安全管理规定、突发事件的应急处置办法已经有了相关说明,但在志愿者的突发应对免责事项方面,规定还不够健全,也不够细化。突发意外情况下志愿者的相关权益保障依然缺乏有效的制度保障。

四、宣传力度不足影响受众认知

青岛市社区互助养老通过近年来的努力,逐渐形成了一套线上宣传与线下推广相结合的宣传方式。但是从实施效果来看,居民对社区互助养老的认知和接受程度依然不高。一是理念观念仍需加强。在调查中发现,许多居民对社区互助养老的理念仍处于认知初级阶段,特别在时间存兑机制、排单接单方式等方面还存在一定的认知模糊,甚至不知道该行为是一种互惠互利的互助活动,这使得居民的参与积极性不高。因此,如何简单明了地向受众解释什么是社区互助养老、社区互助养老怎么样是宣传过程中首先需要解决的问题。

二是宣传面仍需扩大。社区互助养老的社会认知度和信任度关乎未来的发展走向,青岛市目前已经在线上线下进行了长时间的宣传,但其成效未达预期。虽然也已经有相关电视、报纸、网络媒体进行了报道与转发,但限于宣传媒体的数量有限,且报道的频率较少、报道的方式传统,导致宣传广度不足,受众范围也比较固定,也难以引起社会大众,特别是青年群体的普遍与深入关注。

第六节 青岛社区互助养老的发展建议

一、政府护航推进纵深发展

一是坚持政府主导。虽然社区互助养老具有社会自发性、志愿性的特点，但要想促进其快速发展，政府的推动作用便显得格外重要，这就需要政府在其定位、功能、运行机制、体系架构、风险预防等方面给予政策支持和引导。为此，青岛市政府一方面要加强制度建设，助力搭建系统、完善的社区互助养老服务供给体系，提高其社会显示度和信任度；另一方面还要制定一些保障性政策为社区互助养老的顺利运行保驾护航。比如结合青岛市本土情况，在社区互助养老组织管理、监督考核、奖惩措施、宣传手段等方面作出更为精细化的规定，促进社区互助养老的全面发展。

二是保障资金运转。通过前文分析可知，社区互助养老运行良好与否，除了与当地政府的政策保障息息相关，与其资金支持也密不可分。为此，一方面要增加政府的财政投入力度，比如可以更多地采取政府购买服务的方式，为社区互助养老的组织建设与项目发展提供资金支持；另一方面可以鼓励和动员社会力量，通过倡导企业与公众捐赠，或是一定程度上的低偿服务付费等方式拓宽社区互助养老的筹资渠道。

三是发挥搭台作用。经过多年的催化和培育，总体来说青岛的公益事业和慈善事业已经取得巨大进步，为社区互助养老的发展提供了众多可以利用的社会与经济资源。为此，民政部门可以通过搭建各类网络或实体平台，充分挖掘、吸纳、链接社会中的这些公益与慈善力量。并将这些公益与慈善力量，特别是优质的社会志愿者力量引入社区互助养老的组织、管理、服务之中，以增强服务的供给力量，提升服务的质量与水平。

二、多措并举实现自我造血

一是开展项目合作。社区互助养老可以依托于青岛大企业、大集团、连锁企业多的特点,与一些知名企业,如利群、海信、海尔、青啤、青食、青岛银行等进行项目合作,将商业模式与志愿服务模式相融合。例如在组织志愿服务进社区时给予爱心企业一些宣传和便利,为参与或赞助企业提供公益广告,让更多人了解和体验到爱心企业提供的产品和服务,吸引企业投资与捐赠,实现互利共赢。

二是实现推广引流。青岛社区互助养老可以与实力较强的市场团队合作,实现"流量"提升。以青岛蔚来车友服务团队引流案例为例,蔚来汽车车友会某成员在青岛各区拥有连锁咖啡馆和亲子园,志愿者参与社区互助养老活动之后,可凭借其志愿者身份享受咖啡等产品及亲子园活动。通过这一方式,一方面能够增强其产品和志愿者的触点,增加企业自身的盈利,另一方面也能让志愿者享受社区互助养老服务带来的优惠,增强身份认可度。

三是延长产业链条。与青岛市社区互助养老对接的爱心企业可以从养老服务的全生命周期理念入手,依托在提供社区互助养老过程中形成的品牌信誉和公众信任,围绕自身发展产业,比如康复护理、养生保健、老年旅游等,延长养老服务产业链条,挖掘老年人消费潜力,打造服务老年人消费需求闭环,最终开辟较为稳定的资金来源,实现可持续发展。

三、风险防范保障服务安全

一是畅通信息反馈渠道,确保出现突发紧急状况和问题时社区互助养老的工作人员能够及时发现和处理,避免意外情况造成的严重后果。同时,在服务监管环节,应保证每一次志愿服务的真实性和有效性。坚持每日跟踪回访,并通报当日站点和服务人员的违规虚假服务,对持续造假站点、组织与个人上报民政部门予以关闭或封号,淘汰可能对服务对象造成危害的潜在服务提供者。

二是政府要充分发挥沟通与协调功能,积极对接本地保险公司资源。尤其是与金融保险机构签订合作协议,专门针对社区互助养老项目设立参与者人身意外险种,或是为志愿者个人及志愿者团体免费购买相关意外保险。这样一方面能够保障志愿者的人身权益;另一方面保险公司也能获得相关营收。同时管理部门还应做好风险应对方案,以消除相关部门和志愿者的顾虑。

四、线上线下扩大宣传范围

一是在线上宣传方面,为扩大宣传范围,强化宣传效果,青岛社区互助养老除了继续采用电视、广播、微博、微信等多媒体宣传方法以外,同时还应拓展其他的宣传渠道,如与市、区民政公众号与各街道、社区微信公众号或小程序协作宣传,积极开展居民身边的网络媒体建设;联合宣传部、文明办等共同推进社区互助养老宣传工作;积极利用抖音、今日头条、小红书等老年人与年轻人普遍关注的新媒体,将社区互助养老通过全渠道、多角度宣传普及到一线受惠人群,持续扩大社会的知晓度。

二是在线下宣传方面,青岛社区互助养老应推动街道、社区利用各种群众活动阵地高频率、多场景开展宣传,保证一周至少举办一次中小型的互助养老服务进社区活动,通过点对点、面对面地宣传扩大社区互助养老在市民中的感知度。同时也要开展社区互助养老进机关、进企业、进社会组织等活动,在全市开展深入宣传,为社区互助养老建设和养老事业发展营造更好的社会氛围。此外,还要进一步提高宣传针对性,加强与青岛高校和热心志愿团体的对接,吸引更多的大学生志愿者、志愿团体的加入,增强互助养老服务的力量。

五、外引内扶打造特色亮点

在培训和孵化志愿者、壮大志愿者队伍、提高养老服务质量方面,青岛社区互助养老还应当注重外引与内扶并重,实现双管齐下。外引即对外按照"高配合、多资源、查漏补缺"的原则,重点吸收发展有潜力的志愿团体。在方式上,可利用重大节会活动,瞄准有意向开展养老志愿服务的各大企业,积极开展精准对接、驻点招新、以老招新等工作,从而提高爱心企业和社区互助养老的契合度。内扶即对内着力提升志愿者的服务技能,加强志愿者的队伍能力与素质建设。并进一步打破各志愿团体之间的互动壁垒,推动构建社区互助养老资源联通互动的共享机制,积极开展互助合作。

青岛社区互助养老发展大事记

(1)2006年10月,青岛市四方区在阜新路街道试点建立了两个家庭互助养老点。区民政局、老龄办配置了麻将桌、象棋、扑克等活动器具,由此拉开了"走出家门,自愿结合,互助养老"为内容的社区互助养老活动的序幕。

(2)2008年2月,青岛市政府发布《关于2008年在城乡建设和改善人民生活方面重点办好12件实事的通知》,实施养老服务"双千计划"。开始在市内四区开展社区养老服务,新建1000处社区互助养老点。其中包括800处社会养老互助点、100处"托老所"、100处老年人娱乐室。总投资约3800万元。

(3)2009年10月,青岛市政府办公室发布《关于加快养老服务业发展的意见》(青政办发〔2009〕24号),提出到2012年在自愿参与的独居老年人家中设立4000个"社区养老互助点"的目标任务。

(4)2011年8月,青岛市发展和改革委员会发布《青岛市"十二五"社会事业发展规划》,提出"完善以居家养老社会化服务为基础,机构养老为支撑,互助养老和志愿服务等为补充的养老社会服务体系"。互助养老被纳入政府部门发展规划。

(5)2012年12月,青岛市政府出台《关于进一步加快养老服务业发展的意见》(青政发〔2012〕60号),鼓励各级政府及社会力量采取多种形式为老年人提供短期托养、膳食供应、生活照料、健身娱乐等服务,发挥社区养老平台依托作用,强化社区养老互助点管理,促进社区养老全面发展。

(6)2013年9月,青岛市民政局发布了《关于规范社区养老互助点管理工作的通知》(青民福〔2013〕16号),从设立要求、运营要求、设立与注销程序、扶持政策等方面对社区养老互助点的管理提出了具体要求,标志着青岛社区互助养老走上规范化发展的道路。

(7)2014年12月,青岛市十五届人民代表大会常务委员会第二十三次会议表决通过《青岛市养老服务促进条例》。2015年4月1日,山东省第十二届人民代表大会常务委员会第十三次会议批准《青岛市养老服务促进条例》。《青岛市养老服务促进条例》于2015年5月1日正式施行,鼓励居民开展互助式养老服务。

(8)2016年12月,青岛市政府出台《关于加快推进养老服务业发展的实施意见》(青政发〔2016〕36号),进一步提出鼓励邻里结对帮扶、互助,建设邻里互助养老点的要求。

(9)2020年4月,青岛市民政局出台了《青岛市养老服务时间银行实施方案(试行)》《青岛市养老服务时间银行实施细则》,标志着青岛社区互助养老模式实现进一步升级。

(10)2020年12月,青岛市养老服务时间银行在市政府新闻办举行新闻发布会,市民政局相关负责同志对养老服务时间银行的相关工作进行了发布。市南区、西海岸新区、城阳区42个街道、1404个社区成为青岛市养老服务时间银行首批试点地区。

(11)2021年12月,民政部官网发表《把老有所为同老有所养相结合 探索"时间银行"模式 倡导互助养老服务》,详细报道了青岛时间银行互助养老模式,倡导发展互助养老新模式。

第五章 西安"暖分助老"互助项目的探索与实践

第一节 西安"暖分助老"互助项目的发展历程

第七次全国人口普查数据显示,截至2020年11月,西安市60岁及以上人口为207.53万人,占全市常住人口的16.02%,65岁及以上人口为141.17万人,占全市常住人口的10.90%。短短十年间,西安老年人口的比重便上升了3.48个百分点。为了应对日益严峻的老龄化问题与养老难题,西安通过撬动养老相关市场资源,逐渐探索出一条独具特色的市场化的"暖分助老"项目发展路径,创新出一种商业化与公益化相结合的积分互助养老实践模式。

一、西安"暖分助老"互助项目的准备期

就西安暖分助老互助项目(以下简称"暖分助老"项目)的准备而言,最早可以追溯到2009年。2009年,西安市莲湖区民政局启动居家养老服务工作,引入陕西巾帼依诺家政服务有限公司(以下简称"巾帼依诺"公司),并由该公司出资成立莲湖区如亲居家养老服务中心,承担莲湖区政府援助居家养老服务项目。2010年,莲湖区民政局通过学习苏州虚拟养老院模式,搭建了莲湖区居家养老服务信息平台,采取公建民营的方式委托如亲居家养老服务中心进行社会化运营,招募各类养老服务加盟商,为老年人提供20大类130项服务。这种模式受到了当地老年人及家属的欢迎,也获得了相关部门的高度

肯定。

2014年,西安市民政局与"巾帼依诺"公司签订社区社会化服务平台共建和运营合作协议。2018年,市民政局又提供了运营场所和硬件设施,"巾帼依诺"公司投资共建智慧养老服务信息平台,为80.4万老年人建立了基础电子档案并开展养老公共信息服务。为了更好地开展公益性养老服务,"巾帼依诺"公司成立了西安市如亲智慧养老发展中心(以下简称"如亲智慧养老中心")承担平台运营。如何借助政府资源,依托智慧养老服务平台,调动社会力量为老年人创造更多的福利,如何使老年人及子女通过参与各类活动获取福利,如何在助力老龄服务的同时促进参与企业和组织自我良性发展,成了如亲智慧养老中心需要思考的问题。在此情况下,如亲智慧养老中心开始寻找适合社会化运营的"互联网+养老服务"模式。在考察学习日本的全民积分互助和国内积分养老做法的基础上,如亲智慧养老在西安市民政局、莲湖区民政局和核心联盟企业的共同支持下,开始搭建"暖分助老"管理平台,创新共享养老的市场化运营模式。

二、西安"暖分助老"互助项目的建设期

"暖分助老"项目的设计与运营理念,一方面是致力于引导55岁及以上中老年人及其子女参与积分活动,获取积分权益;另一方面是致力于聚合异业联盟商[1],构建养老服务生态圈,实现家政服务、就餐助餐、生活照料、医疗医药、康复理疗、休闲娱乐、老年教育、旅游旅居、储蓄、保险、购物缴费、信息服务等一体化服务,打造15分钟养老服务圈。使广大中老年人能够享受到多层次、个性化、优质化、快捷化的养老服务,增强中老年人的获得感、幸福感、安全感。

---

[1] 西安暖分助老项目运营主体邀约不同行业、不同领域的企事业单位和社会组织等机构加入为老服务活动中,组成养老服务联盟,并将各类加盟商统称为异业联盟商。项目首先与西安市城市一卡通管理公司、金融机构、保险公司、骨干家政公司、物流配送企业、旅游公司等与老年人相关的企业和机构签约,随后又与一些养老机构、体检中心、医院、康复理疗机构、药店、超市、蛋糕店、洗衣店签约,异业联盟商的数量、范围进一步扩大。

"暖分助老"管理平台系统由"巾帼依诺"公司投资和研发,签约金融机构给予一定的资金资助,确保了"暖分助老"管理平台建设的顺利进行,同时,如亲智慧养老发展中心又与莲湖区民政局签订《暖分助老项目战略合作协议》,莲湖区民政局免费提供办公场所和积分超市场所,如亲智慧养老中心进行场所装修和其他物资配套,签约金融机构捐赠积分超市的首批兑换物资,三方共建了西安市首个"暖分助老"积分超市。

2019年3月,莲湖区民政局专门下发《关于暖分助老项目试点工作的通知》(莲民字〔2019〕22号),规定从2019年3月29日开始,在莲湖区开展"暖分助老"工作试点,构建以"暖分助老"为纽带的养老异业联盟,为全社会提供履行爱老、敬老、助老义务的有效渠道。试点内容主要包括对全区街办和社区相关人员进行"暖分助老"的意义、内容和试点流程、操作办法等培训、项目宣传、暖分助老卡办理、异业联盟商招募、志愿者招募、送积分、兑换积分等各类活动。"暖分助老"项目的积分和兑换活动,主要是中老年人及其子女通过参加各类公益志愿活动、参加异业联盟商的商品或服务消费、到签约金融机构办理储蓄业务等渠道来获取相应积分,并能够等价兑换相应的养老服务或生活物品。在多方共同努力下,"暖分助老"项目在试点当年就实现了在莲湖区131个社区的全覆盖,持卡中老年人突破万人大关。

三、西安"暖分助老"互助项目的发展期

2020年受新冠疫情的影响,如亲智慧养老中心无法进入社区开展活动,"暖分助老"互助项目推广工作受阻。为了解决这个问题,2020年6月18日,掌上"暖分助老"服务平台上线。老年人和家属足不出户便可以自助办卡、查看和兑换积分,大大提高了"暖分助老"互助项目推广工作的便捷性和效率性。

随着莲湖区"暖分助老"互助项目试点的持续推进,该互助养老项目的影响力不断扩大。2020年8月,如亲智慧养老中心又与西安高陵区民政局签订合作协议。"暖分助老"互助项目从9月开始在高陵区落地。2021年8月,

"暖分助老"互助项目与西安长安通支付有限责任公司签约合作,市民除了到金融机构营业网点和社区申请以外,也可通过"长安通"(市民卡)APP申请参与"暖分助老"项目,进一步提高了该项目的普及性。2021年11月,"暖分助老"项目又经未央区民政局许可和备案,进一步在西安市未央区推广实施。

截至2022年6月底,西安市全市已有莲湖区、高陵区、未央区三个行政区推行了"暖分助老"项目,参与此互助养老项目的金融机构网点共80多个、社区也达到200多个。自项目实施以来,申请参与人数共有45716人,储分人数达到23620人,共创造积分2568万分,价值256.8万元;核销积分2040.04万分。仅2022年1月至7月,年度总积分数量为5411088分,累计消分4504116分,兑换率达83.24%。其中,储蓄积分数1953876分,占总积分36.11%;消费积分数2104451分,占总积分38.89%;公益积分数1352761分,占总积分25%。

第二节 西安"暖分助老"互助项目的运行方式

西安"暖分助老"互助项目依托西安市智慧养老服务信息平台,以暖分管理信息系统、"暖分助老"卡、门户网站、微信平台、客服电话、短信平台、读卡器、智能手机终端等为技术手段,构建起以暖分助老卡为纽带的异业联盟,吸引了55岁以上中老年人及其子女通过参与公益、储蓄和消费等活动来获取积分权益、满足服务需求。

一、"暖分助老"卡的申领与管理

就"暖分助老"卡的申请而言,只要是拥有西安市户籍,或者非西安市户籍、但年满55周岁以上在西安有固定住所且连续居住满一年以上的中老年人凭借其个人有效身份证件均可申领"暖分助老"卡。

"暖分助老"卡的具体申请办理流程主要包括申请人申领并填写《西安市

暖分助老卡信息采集表》，工作人员审核《信息采集表》，通过后工作人员完成申领人信息录入并发卡。对于暖分卡代办业务，仅要求代办人携带双方有效身份证原件即可填写《信息采集表》申领"暖分助老"卡。为提高"暖分助老"项目的公信度和便捷性，"暖分助老"卡的办理渠道主要设置在签约金融机构营业网点、社区居委会或社区日照中心/社区养老服务站，另外还可以通过公众号和手机APP线上办理。

如果持卡人需要补卡，只要持卡人办理了书面挂失，就可以凭借本人有效身份证件到"暖分助老"卡服务网点申请办理换卡业务。领取新卡后，新卡将在24小时内通过系统审核并且激活。办理补卡手续后，即使原卡被找回，也不能再办理解除挂失。当"暖分助老"卡无法正常使用时，持卡人可以申请办理损坏换卡业务。就"暖分助老"卡的挂失规则而言，当持卡人确认卡片遗失时，只需要提供本人姓名、有效身份证件类型及证件号码，就可以通过拨打西安市智慧养老服务信息平台的服务热线965001或者到"暖分助老"卡发放网点申请办理挂失。

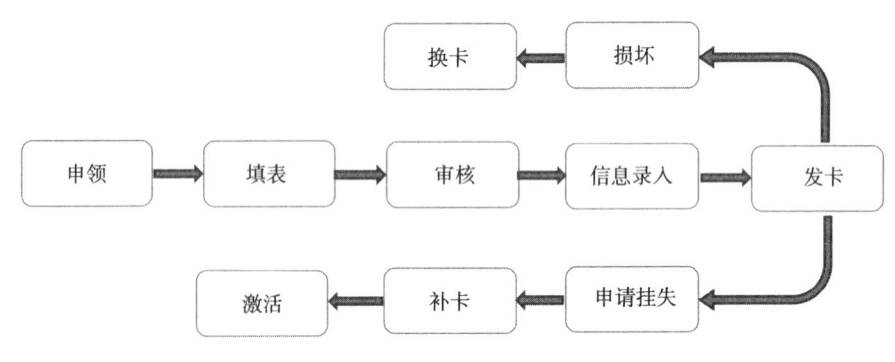

图5-1 暖分助老卡的申领与补换流程

二、"暖分助老"互助项目的积分管理

就积分方式而言，为了体现互助性和公益性，"暖分助老"互助项目专门设计了公益积分，即持卡中老年人或其子女通过参加助洁、助餐、助浴、助医、

助行、探访等各类公益志愿活动来帮助特困、"三无"、高龄、空巢、失能、失智和计划生育特殊家庭老人,最终可获得的相应积分。持卡中老年人个人账户的公益积分可以自己使用也可以为配偶使用,中青年个人账户的公益积分可捐赠至平台公益积分池并表明援助对象范围,直系长辈(父母、祖父母、外祖父母、养父母)优先使用。此外,为最大限度地保障中老年人的基本权益,调动中老年人的参与积极性,"暖分助老"互助项目运营团队还在公益积分之外设计了消费积分和储蓄积分,以扩充积分来源与渠道。具体而言,消费积分是持卡中老年人或其子女通过参加"暖分助老"异业联盟商的商品或服务消费活动所获得的积分。储蓄积分是持卡中老年人或其子女到签约金融机构办理储蓄业务获得的积分。"暖分助老"互助项目在积分存兑与会员权益方面与传统互助养老模式不同,三种积分类型均可通过各自的特定方式得到相应的积分,并且都可以在异业联盟商间流通兑换,同时"暖分助老"互助项目没有专门设计特定的公益会员,所有会员既是公益会员,也是储蓄会员,或是商家会员。

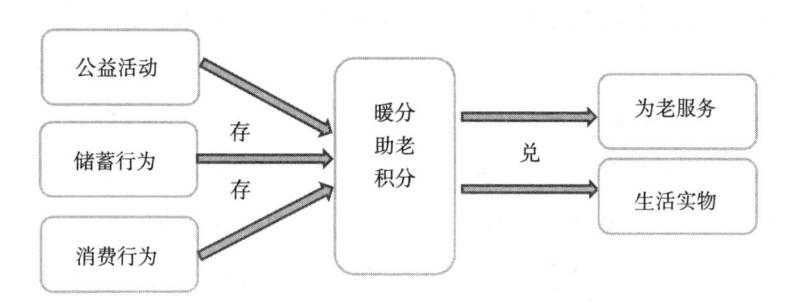

图 5-2　暖分助老的积分获取与兑换

就积分使用而言,"暖分助老"互助项目积分的兑换与使用一方面采取积分等价的原则,即无论哪个行业 1 个积分等于 0.1 元。另一方面,按照积分转赠的原则,55 岁及以上中老年人除通过做公益、储蓄、消费获得积分以外,还可享受其子女通过以上三种方式赠予的积分。另外,中青年人获得的积分也可以捐赠给公益积分池。再一方面,采取规定使用期限的原则,即积分使用的有效期为一年,到期前一个月客服中心会提示持卡人及时兑换,过期系统自动清零。考虑到积分使用期限问题,"暖分助老"积分在具体使用过程中根据早积早消的规则,按照积分时间的先后顺序来划分其消分顺序。并且,为了提高积分的使用率,"暖分助老"互助项目对于消费积分还实行积分+货币的兑换方式,也就是当持卡人用积分兑换商品或服务时积分和货币可以同时并用(储蓄积分和公益积分则按照积分进行兑换)。

对于异业联盟商的积分规定,储蓄积分是由如亲智慧养老中心与签约金融机构协商设定标准,办理业务时通过系统将积分代送到持卡人卡里;消费积分一般按照消费金额2%—25%的范围,根据自身服务或商品情况设定具体积分赠送标准并在如亲智慧养老发展中心备案后通过系统送积分及核销积分;公益积分则按照西安市本地区福彩公益金管理办法的标准来设定,即普通志愿者的积分为每8个小时可获得1000个积分,高级技术职称志愿者的积分为每小时可获得2800个积分。并且,当本地福彩公益金项目管理办法中志愿者支付办法发生变化时,"暖分助老"积分标准也随之变化。当异业联盟商的消费积分标准发生变化时,需要在运营单位如亲智慧养老中心备案之后才可以正式执行。

为便于中老年人及时将积分兑换为服务与商品,"暖分助老"互助项目运营团队在积极招募异业联盟商的同时,打造了多种形式的积分兑换网点。例如自建积分超市、在合作金融机构网点设立嵌入式积分兑换专柜、在签约超市或药店等机构嵌入积分兑换服务。积分超市的商品种类主要是与中老年人密切相关的生活用品,其来源主要是合作企业的物品捐赠或资金购买,并主要用于积分的兑换与消分,持卡中老年人可通过积分+货币或者是全积分的形式进行兑换。

三、"暖分助老"互助项目的服务提供

"暖分助老"互助项目基于跨业整合理念,聚合社会服务资源,构建以"暖分助老"为纽带的养老异业联盟,创新养老生态圈,促进养老产业跨界融合发

展,提升社会养老服务能力,精准帮助老年人获得品质好、价格优、方便、快捷、安全和多样化的社会养老服务。为确保服务品质和签约承诺履行,异业联盟单位主要定位为大型、连锁和品牌化的企业和社会组织(如表5-1所示),并通过签订正式合作协议加深联结力度。例如家政服务领域的陕西巾帼依诺家政服务有限公司、西安海鑫保洁清洗公司均为西安市和陕西省服务业名牌企业;居家养老服务领域的莲湖区如亲居家养老中心、西安百姓居家养老服务中心也是区域政府购买居家养老服务的品牌组织;此外社区日间照料领域的宫园壹号社区日间照料中心、陕重社区日间照料中心、安远社区日间照料中心、融侨城社区荣华欢乐颂日照中心、龙凤苑社区养老服务站,生活购物领域陕西红叶商贸有限公司、陕西黄马甲物流配送有限公司,旅游旅居领域陕西海外旅游有限责任公司、陕西文化旅游股份有限公司,报纸订阅领域陕西省卫健委主管的《陕西老年健康报》,也都是一些在当地具有一定知名度和良好客户口碑的组织机构。

表5-1 "暖分助老"互助项目代表性异业联盟商名单

联盟商类型	代表性联盟商	主要服务内容
家政服务	陕西巾帼依诺家政服务有限公司	保洁、洗衣、做饭、出行陪伴、生活照料
	西安海鑫保洁清洗公司	保洁、消毒
居家养老服务	莲湖区如亲居家养老中心	家庭保洁、做饭、生活照料、心理慰藉、基础保健、陪同就医、洗衣等
	西安百姓居家养老服务中心	生活照料、心理慰藉、基础保健、陪同就医、洗衣等
社区日间照料中心	宫园壹号社区日间照料中心	上门服务、助餐、日托、喘息服务、保健理疗、文娱活动、老年教育、辅具租赁
	融侨城社区荣华欢乐颂日照中心	上门服务、助餐、日托、喘息服务、保健理疗、文娱活动、老年教育
	龙凤苑社区养老服务站	主要提供上门服务
市民卡	西安长安通支付有限责任公司	办理暖分助老卡,可以储蓄积分兑换乘公交和地铁费

续表

联盟商类型	代表性联盟商	主要服务内容
银行	签约金融机构	储蓄
医院	西安市北方医院	保健理疗
	陕西省第二人民医院高新分院	保健理疗
体检中心	西安普惠体检中心	体检
药店	陕西同一医药连锁有限公司	药品兑换
超市、便利店	陕西红叶商贸有限公司	生活用品
	陕西黄马甲物流配送有限公司	购物和配送
洗衣	尤萨洗衣有限公司	水洗、干洗衣服
蛋糕	米旗食品股份有限公司	生日蛋糕
理发	西安紫雾美发管理有限公司	理发
旅游旅居	陕西海外旅游有限责任公司	旅游旅居
	陕西文化旅游股份有限公司	旅游旅居
订报纸	陕西省老年健康服务中心	兑换报纸

资料来源：根据调查资料整理所得。

"暖分助老"互助项目主要针对中老年人生活中经常关联的领域，招募品牌、连锁、商业信誉良好的企业或机构，构建异业联盟体系，体现了以养老服务产业化、品牌化来牵引养老服务市场发育，激发银发经济发展动力。在构建异业联盟的过程中，"暖分助老"互助项目运营团队对异业联盟商的招募要求主要为：必须是合法合规、无不良信用记录的商家，能够独立对外承担民事责任；具有强势的行业地位和良好的品牌形象，并具有一定的客户基础；具有良好的服务体系及管理运营机制，能够保证长期稳定为消费者提供优质的服务或产品；商家或服务机构需要提供营业执照/民办非企业登记证、商品质检报告等相关资质；必须有社会责任感，具有一定的经济实力和经营规模，并愿意为持卡中老年人提供价格优惠、品质优良的服务或物品，愿意为双方的合作活动投入一定资源(如表5-2所示)。就指导和约束异业联盟商的经营与服务行为而言,"暖分助老"互助项目运营单位要求联盟单位在其经营场所内,为持卡中老年人办理相关业务并能够享受货币+积分优惠,通过各种形式宣传告知中老年人储分与消分的相关优惠,允许在持卡中老年人消费过程中通过操作智能手机或扫码器来核销和储值相应积分,并可以通过参加社会公益活动和增加客户服务附加值,来巩固自身的品牌忠诚度,提升其服务满意度,进而达到健康发展的目的。

表5-2 "暖分助老"异业联盟商资质要求

资质清单	说明
营业执照/民非企业登记证复印件	有年检章(年检记录)过期无效,开展业务须与证照业务相一致
前置审批许可证	需要前置审批的需要许可证
开户银行许可证复印件	须有中国人民银行盖章,法人代表与营业执照一致,不一致时,须提供政府相关管理部门出具的变更证明
授权代理书或授权销售证明书	国产产品的销售授权最高授权人为生产厂家,进口产品最高授权人为进口报关单收货单位,授权终止于异业联盟商,授权关系不能中断,过期无效
质检报告复印件或产品质量合格证明	生产企业请提供近一年产品送检的质检报告,须有国家或地方质量监督检验部门检验专用章

资料来源:根据调查资料整理所得。

为方便持卡中老年人及其子女办理储蓄业务获得积分,如亲智慧养老中心选择签约的金融机构为当地大型国企,并与之签署战略合作协议。这样不仅可以依靠该机构营业网点数量多且布局合理的优势为持卡中老年人及其子女办理相关服务,还可以借助其影响力和金融信用为"暖分助老"互助项目提供强有力的品牌支撑。

为有效对接持卡人群的服务需求,"暖分助老"互助项目运营团队按照自愿、就近、择优原则为老年人推荐服务供应商。为确保异业联盟商的服务品质和商品质量,项目运营团队不仅在一定的考核周期内对异业联盟商进行电话抽查、现场暗访调查、服务投诉及处理情况、用户评价、活动参与及配合程度等多个维度的综合评定,而且还邀请行业协会、陕西省消费者协会、持卡中老年人代表等多元力量共同监管,以确保服务与商品质优价优。另外,对于志愿服务的监管而言,"暖分助老"互助项目在推进过程中,通过服务监督管理平台实时管理志愿者上门服务时长和服务内容,同时利用电话回访与上门回访机制实现服务动态监督。

第三节 西安"暖分助老"互助项目的主要特点

当前,西安市"暖分助老"互助项目主要形成了积分储蓄带动下的互助养老、精算精准理念下的智慧助老、各界多元参与下的协同合作、商业+公益的复合式发展、实物+服务的多样化供给等特点。

一、积分储蓄带动下的互助养老

"暖分助老"互助项目通过积分储蓄带动下的互助养老,有效缓解了老年人的养老问题。当老年人的子女不在身边又需要别人照顾时,除了购买与获得居家、社区、机构养老服务以外,还可通过积分储蓄与兑换的方式换取所需的养老服务。"暖分助老"互助项目通过公益积分的兑换激励机制、子女转赠机制和公益积分池,可以有效调动志愿者的积极性,促进周边邻居邻里提供及时、高效、便利、可靠的互助养老服务。

"暖分助老"互助项目的积分赠与活动与兑换过程,为全社会提供了履行爱老、敬老和助老义务的有效渠道。同时,互助项目还有助于弘扬敬老爱老的社会美德,让更多的人认识到"暖分助老"积分兑换不是简单的人与人之间、企业与老年人之间的积分兑换,而是一个人人互帮互助的过程,体现了"我为人人、人人为我"的敬老文化。由此,"暖分助老"互助项目实现了公益与商业价值的相互转化,促使为老服务在更大范围内、更多人之间的有序循环,提升社会养老服务能力,实现资源共享、服务交叉,满足老年人多层次、多样化的健康养老服务需求。

"暖分助老"互助项目将受益对象定位于55周岁及以上的中老年人,意在引导那些55—59周岁的"准老人"树立积分储蓄、互帮互助意识。并且该年龄段的中老年人绝大多数具备自理能力,能够参与各项社会公益活动,能够较为熟练地运用智能手机等信息技术,通过将其作为人力资本储备,能够较大程度地促进公益积分的增长。此外,"暖分助老"互助项目倡导的积分养老客观上要求中老年人参与社会互动,保持社会交往,对维持老年人的心理健康有积极作用。

考虑到年龄太大的老人中,很多人智能手机应用操作不熟练,所以我们受益对象范围没有直接定为60岁及以上老年人,而是扩大了一下范围,面向55岁及以上的中老年人,便于培养准老人,鼓励他们通过参与社会的活动呀,通过储蓄呀,消费呀等等产生积分,来兑换服务和产品,以增强项目发展的容量和可持续性(XA01-20220708)。

"暖分助老"互助项目鼓励中老年人的子女通过做公益、储蓄、消费获取积分并转赠给父母,体现了以代际互助理念帮助老年人获得相应的养老服务。同时,"暖分助老"互助项目也鼓励中青年人将获取的积分赠予到公益积分池以帮助需要帮助的老年人群,也在全社会树立了公益服务的榜样作用,营造了良好的社会氛围。同时,"暖分助老"互助项目通过调动更多的社会资源参与到互助养老中来,达到了家庭养老少花钱、政府减负、联盟成员获得社会经济效益等多方共赢的目的和效果。

西安属于西北地区,经济发展确实是相对缓慢,政府能够投入资金也是很有限的。我们有了这么多政府的平台资源,如何能够让平台持续运营和发展下去,如何能让更多的老人在这里面确实能享受到好处,这是值得我们思考的问题。另外,除了让老人享受好处,我们的合作商也得享受上好处才行呀,你才能紧密地把他们团结在一起,他们才能有动力去参与你这些公益活动,能够拿出来一些资金或者优质的服务来参与你这个事

情。(XA01-20220708)

二、精准管理理念下的智慧助老

"暖分助老"互助项目以积分为纽带构建养老异业联盟,其目的不仅是要帮助每一位有需求的老年人获得质优价廉的养老服务,而且需要确保异业联盟商能够获得商业利益,才能实现互助养老项目的可持续运行。在精算理念指导下,项目运营团队基于积分与消分平衡的原则,确立了积分使用期限为一年的存兑规划,以提高积分使用频率与流转速度,激活养老服务市场活力,避免可能因送积分组织与机构经营不良或破产等不可预估因素而产生社会遗留问题。同时基于精算原则,"暖分助老"互助项目运营团队明确了积分价值,规范了积分兑换标准,并要求异业联盟商遵守"谁受益、谁买单、谁出资"的原则,平衡积分的赠与与核销。正如"暖分助老"互助项目管理人员所言:"当联盟商送出去的积分是1000分,而在其机构兑换的积分只有900分,该联盟商需要按照积分等价原则向'暖分助老'平台缴纳10元钱,然后由平台向消分大于赠分的联盟商支付10元钱,以达到收支平衡。"(XA02-20220708)

"暖分助老"互助项目管理云平台是整个项目的核心部件,其最根本的运作理念是"跨界思维、信息共享、集中控制、精准管理"。因此系统的设计不是各单个功能的简单组合,而是一个"三统一"平台,即从统一网络平台、统一数据库、统一的储分/消分体系模式、数据传输安全、各类管理系统接口、异常处理等软件总体设计思路的技术实现考虑,使各管理系统、积分卡终端设备综合性能的智能化达到最佳系统设计。"暖分助老"互助项目管理系统主要包含运营管理、异业联盟管理、储蓄积分管理、公益积分管理、积分超市、接口管理等6个子系统53个模块。"暖分助老"卡用于老年人身份识别、个人基本信息存储、实现跨区域跨机构服务数据交换和费用结算等。在各个管理系统的信息化手段支撑下,"暖分助老"互助项目从智慧助老的角度打造为老服务共享格局,以积分为媒介,采取"互联网+公益助老"建设模式,使得公益服务部分具有以需求为导向精准对接、服务记录真实、可追溯与公开透明等特征。

三、各界多元参与下的协同合作

"暖分助老"互助项目最先是西安市莲湖区民政局与如亲智慧养老中心合作试点的互助养老服务项目,尽管政府在项目试点过程中没有直接提供资金支持,但以免费提供办公场所的方式为项目运行提供了运营空间支持。更重要的是莲湖区民政局以出台专门性试点通知的方式,为"暖分助老"互助项目运行提供了一定程度上的政府背书支持。在项目试点启动与推广过程中,各试点地区政府与如亲智慧养老中心通过签署战略协议,无形中增强了"暖分助老"互助项目的公信力和信任度。政府通过发布通知等方式为项目宣传,能够促使中老年人在内的受益人群认可该项目。同时,通过依靠民政局、商务局等部门,以及行业协会引导和推荐,建立与中老年人生活密切相关的社会与市场机构异业联盟,体现了政府在"暖分助老"互助项目建设、养老服务市场运行等方面的引领作用。

> 因为现在政府也不断地提示老人的身份证不能轻易给人,提示身份证信息给人可能带来的商业诈骗或者其他套路等等风险,所以,老年人在办卡的时候现在也很谨慎。现在政府一出面,老人身份证就可以放心地让你登记了呀,我觉得这就是政府给我们带来的最大促进作用。当然我们也必须对老人身份证信息保密负责。(XA02-20220708)

由政府支持的"暖分助老"互助项目,要求社区在力所能及的情况下主动承接项目宣传和参与"暖分助老"卡办理等工作,从而为项目的社会化运营提供了社区层面的基础性支撑。过去企业进社区做宣传与营销活动,需要花费一定的财力或动用人际关系来寻求社区力量对活动的支持,往往很难取得良好的效果。获得政府信用背书的"暖分助老"互助项目,可以通过主动联系对接社区,让社区居委会、老龄专干和其他志愿者通过贴通知、居民微信群发布信息、发放宣传材料的方式大力宣传项目。不仅提高了项目在社区的知晓度,而且有助于增强老年人参加活动的积极性和信任度。

> 你一个商家要在社区去做活动,还得给物业交一定的钱,并且,你摆

个桌子到底一天有没有人看都是问题。但是现在,如果我们现在去社区,提前给社区打电话或派人去社区,讲清活动安排,社区居委会也会协助张贴通知,老龄专干也会在社区居民和老年人的群里发通知,那老人就知道了,要不然我们怎么能组织老人呢?也不能拿个大喇叭去喊,所以现在由社区支持以后那老人参加活动的积极性就很高涨。(XA02-20220708)

作为政府主管单位,民政部门不仅为"暖分助老"互助项目运营提供信用背书和场地支持,而且在项目运营过程中具体承担着监督管理责任。民政部门的监管,主要包括受益人群的信息安全、积分数量的真实性与合理性、服务与产品质量的安全性等方面。在中老年人兑换积分与接受服务过程中,若出现产品质量问题或服务不满意问题,不仅可以向"暖分助老"互助项目管理平台拨打电话求助,还可以向区民政局、社区直接反映。当异业联盟商拒不整改时,可通过向消费者协会反映,将其纳入不良信用记录。

此外,"暖分助老"互助项目的科学设计与成功实施,在很大程度上得益于市场力量的主动创新求变,不断反思养老服务供给过程中衍生的各种各样问题。为进一步加强为老服务合作,西安通过"暖分助老"互助项目搭建养老服务供给资源平台,以此探索创新互助养老模式。在正式获得民政部门的支持与授权后,"巾帼依诺"公司主动出资建设项目和成立运营单位,研发建立积分助老管理系统,投资建设积分超市,大力投入到"暖分助老"项目的宣传工作中,积极招募异业联盟商并与其进行沟通谈判,为"暖分助老"互助项目的顺利实施全力提供资金、人员、资源等各方面支持。

如亲智慧养老中心,作为"暖分助老"互助项目的具体运营单位,负责异业联盟商的招募和授牌,向全市公示"暖分助老"异业联盟商名录、业务范围、优惠比例等,向异业联盟商提供"暖分助老"管理系统使用说明书、项目及活动宣传资料、智慧养老网站和微信公众号宣传、呼叫中心外呼宣传服务、社区活动策划与实施等。为保障和维护老年人的利益,项目运营团队采用实名制办卡、基础数据加密和区块链技术开发管理系统,确保用户数据的保密性和积分的不可随意篡改。为方便老年人办理"暖分助老"卡,项目运营团队开发出

"暖分助老"互助项目手机版,使得老年人及其子女能够足不出户线上自助办理"暖分助老"虚拟卡,及时查询积分情况和兑换积分。为切实提升项目的知晓度和运行效果,项目运营团队积极深入社区开展老年人智能生活培训、金融防诈骗讲座等活动,为进入社区为老年人表演节目的志愿者办理"暖分助老"卡并赠予积分,同时组织联盟单位进社区为老年人进行健康体检和咨询,组织暖分集市进社区、暖分助游专列进社区等多种类型的宣传活动。为确保异业联盟商对"暖分助老"项目的服务质量,项目运营团队会不定期地到联盟商网点去巡店,一方面去了解联盟商对于"暖分助老"互助项目积分制度的理解情况,另一方面去体验异业联盟商业务的操作水平(如系统操作的熟练程度、积分兑换的熟悉程度等)。

四、商业+公益的复合式发展

西安市政府在《破解"养老难"提升服务质量推进养老服务业创新发展的实施方案》(市政办发[2017]94号)中明确提出政府保基本,社会增供给,市场满足需求的要求。而"暖分助老"互助项目就是以市场化为手段,借助政府信用背书,构建以积分为载体的多业融合的开放性公益养老助老服务平台,并且是在没有政府资金直接支持的情况下仍然可以高效运营并创造商业价值的企业运营项目。

"暖分助老"互助项目用户(包括持卡的中老年人及其子女)不仅可以通过参与公益助老活动获取积分,还能够通过储蓄、消费来赚取积分,并能够在所有的异业联盟商中兑换和使用所有类型的积分。这种积分互助养老模式一方面提升了中老年人的服务体验和生活质量,满足其多层次服务需求;另一方面通过跨业引流的方式打破行业之间和企业之间的界限,以互助"小积分"撬动养老"大产业"。

"暖分助老"互助项目采取商业模式与公益模式相结合的运营方式,通过依靠民政局、商务局等政府部门和行业协会引导与推荐,建立与中老年人生活密切相关的社会组织和企业联盟,组织异业联盟商积极参与跨行业、跨企业积分和消分活动,增加和丰富养老服务内容,满足中老年人积分和消分的需求。同时,"暖分助老"互助项目资金均来源于异业联盟商和运营单位。目前异业联盟商资金占60%,主要用于积分兑换,运营单位资金占40%,主要用于平台维护、宣传推广和人员工资。并且,"暖分助老"互助项目采取谁受益谁买单的原则,即积分核销均来自异业联盟商,体现了以商业拉动公益、以公益反哺商业的运行特征。

五、实物+服务的多样化供给

"暖分助老"互助项目依托智慧养老服务信息平台,促进居家、社区、机构、医养结合等养老服务产业与健康、养生、旅游、文化、健身、休闲等产业融合发展,丰富养老服务产业新模式、新业态,完善社会化养老服务体系,打破养老服务供给间的相对孤立状态,更好地满足老年人多层次的养老需求。"暖分助老"互助项目不仅能够向中老年人提供米、面、油、洗化用品、烹饪厨具等实物类生活物品,而且能够向老年人提供助餐、助洁、助浴、助急、助医、休闲娱乐、精神慰藉等养老服务。因此,"暖分助老"互助项目对于实物与服务的多样化供给,能够带动培育一批各具特色、管理规范、服务标准的龙头企业,加快形成产业链长、覆盖领域广、经济社会效益显著的养老服务产业集群。

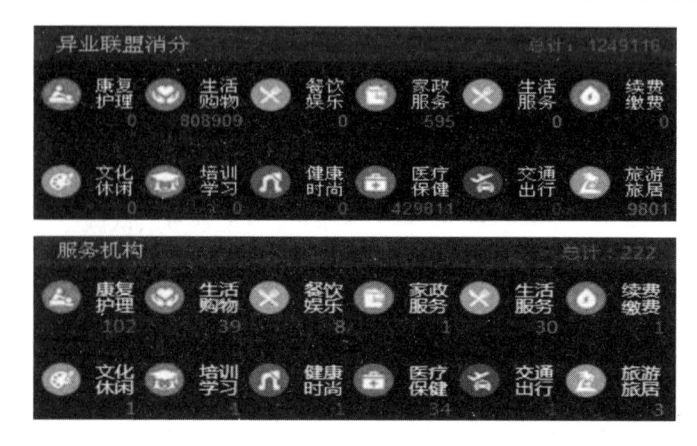

图5-3 "暖分助老"异业联盟的产品及服务供给主要类型

第五章 西安"暖分助老"互助项目的探索与实践

第四节 西安"暖分助老"互助项目的发展成效

一、管理高效：项目运营可持续

"暖分助老"互助项目是在政府部门背书、品牌单位参与、大数据支撑的前提下运作的，拥有较高的公信力和社会声誉。同时平台通过积分兑换管理、联盟商管理、志愿者管理等体系化运作，加之西安市智慧养老服务信息平台的不断完善，以及各项相关政策和规范，打破了行业之间的壁垒，实现积分通积通兑，满足了受益人群选择"一站式"体验的需求。"暖分助老"项目坚持"谁受益、谁出资"的运行原则，保证了其在没有任何政府资金支持的情况下，能够正常运营四年，说明该项目具备了自我造血、持续发展的能力。同时该项目在莲湖区试点之后，又相继在高陵区、未央区推广。三个行政区的先后开展，也说明"暖分助老"互助项目具有较强的适用性和可复制性。

为提升项目管理效率和用户知晓度，"暖分助老"互助项目一方面开设了965001、965668服务咨询热线，供参与者和社会民众答疑解惑；另一方面也在西安市智慧养老微信公众号开设专栏，介绍项目情况、异业联盟商情况以及积分使用规则等，利用电视、纸媒和网络等传统媒介和新兴媒介扩大宣传。并在政府的支持下，于辖区街道、社区悬挂横幅、摆放展架、发放宣传品、组织活动等，加大项目的传播力度，促进了中老年人及其子女参与项目活动的积极性。

按照典型引路、以点带面的工作方式，"暖分助老"互助项目运营团队开展了"孝亲敬老明星""幸福家庭"等评选表彰活动，大力弘扬敬老、养老、爱老、助老、孝老的传统美德。同时不断总结、推广涌现出的典型经验做法，在全社会营造出敬老、为老、助老的良好氛围。得益于项目运作的高效率与创新性，2021年，由西安市妇联联合发改委、民政局、商务局、科技局等7部门组织的西安市女性创新创业大赛，"暖分助老"互助项目从西安、北京、上海、杭州等300多个项目中脱颖而出获巾帼创客奖。

二、资源聚合：积分养老共建共享

"暖分助老"互助项目以商业模式与公益模式相结合的方式积极构建异业联盟，整合汇聚了各类商业资源与社会资源。目前，异业联盟商共218家，业务网点500多个，涉及家政服务公司、社区日照中心、养老机构、老年餐桌、医疗机构、药店、保健理疗店、超市（便利店）、蛋糕店、洗衣店、理发店、银行、旅游公司、保险公司等主体，这些企业或社会组织基本属于具有一定规模的品牌机构和连锁机构。主要异业联盟商如签约金融机构已参与"暖分助老"的网点达88个（设立12个积分兑换专柜），米琪蛋糕店98家，"巾帼依诺"家政分店5家、如亲养老服务点10家，荣华社区养老20家，尤萨洗衣店45家，以及"暖分助老"互助项目自建积分兑换超市2个。鉴于企业和社会组织均为"暖分助老"异业联盟合作机构，是实现积分转化与应用的重要场所，他们的服务质量决定了持卡中老年人及其子女对"暖分助老"互助项目的体验与认知。因此，为鼓励异业联盟商积极支持项目合作与依法履约，项目运营单位按照一定的比例定期邀请异业联盟商联系人参加"暖分助老"互助项目座谈会，商谈下一步深度合作事宜。同时会定期组织异业联盟商市场服务拓展沙龙，根据异业联盟商属性聚合异业联盟商资源，实现资源互换，为异业联盟商提供资源共享平台。

此外，从目前参与"暖分助老"办卡、赠积分与兑换积分的人员看，项目的志愿者群体主要以联盟合作单位的职员为主，包括社区相关人员、金融机构职员、产品零售人员、家政和养老管理及服务员、社区养老服务站人员、医疗及护理人员、理发师等。因此，"暖分助老"互助项目的志愿者还带有一定的团体志愿者性质。在调动志愿者积极性方面，由于志愿者身份是双重的，既是职员，又兼做志愿者，异业联盟商会将志愿者参与"暖分助老"互助活动的情况与其工作绩效挂钩。同时每个志愿者通过参与"暖分助老"互助项目，也会增大自身和单位的社会影响，促进工作业绩提升，进而也会让自己受益。由于这些志愿者在服务过程中的工作基本与其自身原有工作相同,所以在对其开展培训时主要是培训"暖分助老"互助项目的概念、受益人群范围、积分来源、积分规则、积分有效期、可兑换物品和服务、"暖分助老"管理系统的操作等,帮助其提升对项目运作的熟悉程度,更好地服务参与"暖分助老"互助项目的中老年人及其子女。

三、供给有效:为老服务多业融合

2019年9月,民政部印发《关于进一步扩大养老服务供给 促进养老服务消费的实施意见》(民发〔2019〕88号),提倡"培育养老服务新业态",开展"养老服务+行动",促进养老服务与文化、旅游、餐饮、体育、教育、养生、健康、金融、保险、地产等行业融合发展,创新养老服务产业新模式,拓展新领域。西安"暖分助老"互助项目通过推动为老服务的多业融合,全方位地为老年人提供衣、食、住、行、医等各方面社会化服务,能够为老年人提供性价比较高的服务项目和提供全面的社会化综合养老服务,最终形成完整的产业生态。

当前"暖分助老"互助项目围绕中老年人的多层次、差异化养老需求,通过整合异业联盟商,能够提供家政服务、生活照料、助餐就餐、医疗医药、理疗康复、文化娱乐、老年教育、旅游旅居、心理慰藉、辅具用品、法律服务、信息服务、缴费购物、配送快递、储蓄理财、保险服务、房屋租赁、理发洗衣、陪同就医、上门寻访、适老化改造等20大类200多项细分服务。并且针对不同服务项目和服务类别,制定了不同的服务价格及其可使用的积分(如表5-3所示)。持卡中老年人可直接到"暖分助老"异业联盟商进行积分兑换或电话预订服务与产品,也可通过线上平台选择服务或产品。在积分兑换过程中,老年人的积分兑换商品多为米面油等必需生活用品,以及服务使用频率较高的家政服务、理疗保健、健康管理、文化娱乐等服务。此外,中老年人如需助老服务,运营单位还会通过智慧养老网站和微信客户端收集和发布为老服务信息,并进行统一调配、统计和使用志愿服务时间,建立为老服务志愿者数据库、服务需求数据库和志愿服务数据库。

表 5-3 "暖分助老"服务项目与积分兑换标准

服务项目	服务内容	服务价格	服务时间/量	备注
养老顾问	政策咨询、资源对接	免费	不限	咨询对象为老人和子女
助餐	上门做餐	250—300 积分	小时	
	预订餐	预订免费		参照制餐单位标准确定积分
	送餐	25—45 积分	户/次	
	上门喂饭	80—120 积分	次	本社区
助洁	居室卫生	250—350 积分	小时/人	250 积分仅针对保障对象
	擦玻璃	100 积分	m^2	自带用具和试剂
	打蜡	30 积分	m^2	不含材料
	水洗衣	25 积分	小时	清洁用品用户提供
助浴	单洗头	100 积分	20 分钟/次	洗头用品用户提供
	机构助浴	350 积分	30 分钟/次	半失能老人
	上门助浴	1000 积分	30 分钟/次	重度失能老人
	修剪指甲	500 积分	30 分钟/次	半失能老人
		2600 积分	30 分钟/次	重度失能老人
		50 积分	15 分钟/次	
助急	电话助急	免费		
	上门助急	200—300 积分	人/小时	
	智能助急	服务免费		根据设备优惠程度确定积分
助行	散步、出行	100—200 积分	人/小时	交通费用户提供
	陪同就医	350 积分	人/小时	交通费用户提供
理发	上门理发	150 积分	次	简单的老人发型
	集中理发	100 积分	次	简单的老人发型

第五章 西安"暖分助老"互助项目的探索与实践

续表

服务项目	服务内容	服务价格	服务时间/量	备注
休闲娱乐	社交、聊天、娱乐、影视和其他	免费		本社区
精神慰藉	心理慰藉	免费		在场所开展
	读书读报	免费		
	各种活动	免费		
老年教育	歌舞、瑜伽、智能应用、摄影、茶艺、手工艺、烹饪、护理等			按照课程内容、课时等确定积分数量
评估和照护计划	能力及需求评估	免费		
	照护计划制订	免费		
	上门照护操作指导	500积分	小时	
助医	建立健康档案	免费		
	实时健康检测	根据设备优惠程度确定积分		
	自助体检	免费		本社区
	健康讲座和指导	免费		本社区
	网上挂号、预约诊疗	代办免费		挂号费由服务对象自行支付
保健康复		参照项目积分使用表		
公益讲座	各类知识讲座	免费		
代办	网上代购、缴费	代办10—20积分	次	购物和缴费按实际票据执行,路费实报
	旅游报名	代办免费		
	电话或微信祝福	免费		
	上门祝福	100积分/人次	20分钟内	本社区
	预订蛋糕	配送10—20积分	分/次	蛋糕按照厂商价格执行,路费另算
	上门制作寿宴	1000—2000积分	视具体情况而定	材料费用另算

149

续表

服务项目	服务内容	服务价格	服务时间/量	备注
关爱探访	高龄、空巢、独居、孤寡、计划生育特殊家庭等老人上门探访	免费		志愿者完成,防范和化解意外风险。
安全保护	查水电气和家庭设施	50—100积分		优抚对象免费
适老化改造		评估后定积分		
辅具适配和租赁	参照辅具销售及租赁积分兑换标准			
喘息服务	上门照护	白天	1500积分/天	白班8—9小时/天	半失能
			2000积分/天		失能
		住家	2000积分/天	24小时	半失能
			2600积分/天		失能
		钟点	350积分	小时	半失能
			450积分	小时	重度失能
	日照中心服务	白天	1200积分/天	8:30—17:30,包吃和照护	半失能
			1500积分/天		重度失能
		昼夜	1800积分/天	包食宿和照护	半失能
			2200积分/天		重度失能
		钟点	350—450积分	小时	服务对象评估后确定具体积分
家庭照护技术支援	理论讲授和实操训练	每期24课时,学习费用4500积分/人		长期免费咨询
志愿者服务	征集、培训、对接	免费		
"暖分助老"	储蓄、消费和公益		参照"暖分助老"积分与消分规则	

资料来源:根据调查资料整理所得。

第五节　西安"暖分助老"互助项目的发展困境

西安"暖分助老"互助项目不断创新市场化的积分制互助养老模式,极大地满足了中老年人的多样化为老服务需求,但同时在运营过程中也面临积分储分重短期、轻长期,积分兑换偏实物、轻服务,志愿服务重团体、轻个体等一系列发展困境。

一、积分储蓄重短期、轻长期

"暖分助老"项目将所有积分使用期限均设定为一年,以便于促进积分加快流通,促进积分在异业联盟商和机构的跨业通兑,实现积分与商品、服务的及时兑换。此外,"随积随消"的规则也减少了从服务到兑现的时间差,有助于调动各方面的积极性和主动性。但是这种对公益积分、消费积分、储蓄积分的使用期限统一对待的处理方式,使得公益积分失去了长期储蓄功能,特别是持卡中老年人及其子女是通过参加社会公益活动和志愿服务来获取这类公益积分,短期设定使用期限会迫使持卡人群进行突击兑换积分,反而削弱了公益积分的共享价值与互助功能。

另外,"暖分助老"互助项目对公益积分使用期限的一年期设计,容易促使持卡中老年人及其子女减少对公益积分的储存与兑换,趋向增加对消费积分和储蓄积分的储存,以及实物的兑换。从而导致持卡人群对积分储存与兑换产生"用脚投票"行为,降低其参与社会公益活动的积极性和使用为老服务的意愿性,最终不利于"暖分助老"互助项目公益模式的可持续发展。因此,虽然这种短期的使用期限设置能够在很大程度上刺激持卡人群的消费行为,增加异业联盟商的商业收益,但对商业模式的偏重却容易造成对公益模式的损害,最终阻碍"暖分助老"互助项目以产业支撑公益的战略设想,抵消以公益回馈商业的拉动功能。

二、积分兑换偏实物、轻服务

"暖分助老"互助项目虽然通过构建异业联盟体系,为受益人群提供包括生活购物和养老服务在内的多样化为老服务项目,但在当前项目的运营初期,持卡人群在积分兑换过程中多是以兑换实物为主,服务兑换的比重却远远不足。造成兑换实物与兑换服务之间不均衡的原因,一方面正如上文所述积分使用期限一年的设置,容易促使中老年人倾向兑换更具实用性的生活类用品完成即时"消费";另一方面则是因为相较于服务,生活类用品等实物对于老年人特别是身体健康的中老年人更具实用性,也更实惠。

"暖分助老"互助项目作为一种互助养老的创新模式,如若过于偏重实物兑换,会抵消其互助属性。特别是对三类积分兑换标的物的无差别对待,无法直接引导持卡人群利用公益积分来选择兑换养老服务,而是按照理性消费的行为方式选择兑换更迫切需要的实物与产品。"暖分助老"互助项目若能够对消费积分、储蓄积分、公益积分的兑换标准与兑换标的物加以调整,尤其是对公益积分的使用期限、兑换标准等方面加以改进,加大积分兑换养老服务的价格优势与时间期限,则能够引导持卡人群转变积分消费理念与行为方式,从而提升"暖分助老"互助项目的互助属性,强化其公益价值。

三、志愿服务重团体、轻个体

"暖分助老"互助项目的志愿者群体以异业联盟单位的职员为主,具体参与"暖分助老"卡办理、积分存储与兑换以及与自身工作职责相关的志愿活动。这些志愿者群体归属于本单位的工作管理与考核,具有一定的团体志愿者性质。在项目运行过程中,"暖分助老"互助活动主要依靠这部分团体志愿者开展活动,而专门成立的正式的和专业化的志愿者服务团队却很少,导致对志愿者群体的组织与管理较为松散,完全依靠志愿者本人的参与意愿与所属企业单位的安排。同时"暖分助老"互助项目运营与管理者没有针对这部分志愿者群体设计正式的激励机制,多是借助其对联盟单位的归属感、工作职责与任务来调动其参与志愿活动的积极性,缺乏长效的保障机制来确保这类志愿者群体的长期、充分参与。

此外更为重要的是,"暖分助老"互助项目对于社会个体志愿者的吸纳尚有不足,也存在瓶颈。由于相关保障机制的缺乏,如项目运营商与管理者没有为个体志愿者缴纳综合意外保险,使得暖分助老项目无法保障个体志愿者的人身安全,个体参与志愿服务的动力不强。而个体志愿者参与志愿服务活动的不足,不利于在全社会营造一个互帮互助的社会基础,容易导致"暖分助老"互助项目属性受损,进而阻碍其可持续发展。

第六节　西安"暖分助老"互助项目的发展建议

为持续推进"暖分助老"互助项目健康发展,运营团队已经制定了一系列"暖分助老"行动计划,对持卡人数、网点建设、活动目标等方面进行了系统规划[1]。此外,还需要从优化公益积分使用方式,创新政企合作项目之间的整合方式,积极探索个人志愿者参与公益服务的激励机制,探索项目长效运行的保障机制等方面,为项目长期运转提供发展动能。

---

[1] 西安"暖分助老"互助项目运营团队明确要求,2022 年底持卡人数将达到 70000 人以上,共建 20—25 个暖分兑换网点,实现网点合理布局,织密服务网络;开展公益援助活动,建立公益积分池,鼓励爱心人士为积分池捐赠积分,同时招募志愿者,为保障人群提供无偿或低偿服务;开展失能老人关爱活动,为 30 名失能老人提供免费的居家洗澡服务并捐赠尿不湿纸尿裤,为 30 名老年人提供免费的居家养老服务,针对失能老人家庭照料者开展线上线下培训 3 次,受益家庭 200 个,免费发放家庭照料手册 1000 份;缩小数字鸿沟,发展智慧老龄,开展中老年人智能手机应用培训 20 次,包括上网、网上挂号、预约医生、网约车预订、出行导航、网上购物、网上缴费、线上教育、网上娱乐等等相关知识,提升老年人互联网应用能力;倡导反哺教育,子女教长辈互联网应用相关知识,帮助长辈适应互联网背景下的养老生活;评选孝亲敬老明星、"暖分助老"明星以及优秀"暖分助老"联盟单位等,给予一定的奖励。在长期发展规划方面,平台计划在 5 年时间内,布局陕西全省主要城市和其他省份典型城市,"暖分助老"卡持卡人员占本区域 55 岁以上中老年人的 20%以上;子女参与人数约 300 万人次;异业联盟商数量达 50000 家,涉及中老年人家政、生活照料、餐饮、助洁、理发、助医、康复、保健、教育、文娱、旅游、缴费、购物等领域,服务覆盖 30%的城市老人、10%的农村老人;培育和带动养老相关产业发展,拉动子女消费。

一、优化公益积分使用方式

为确保"暖分助老"互助项目的长效运行,可考虑适当延长公益积分的使用期限,设定公益积分具备长期储蓄功能,通过区分公益积分与消费积分、储蓄积分的使用有效期,引导持卡中老年人及其子女树立服务储蓄意识和理性兑换意识。在明确三类积分不同使用期限的基础上,合理区分公益积分与消费积分、储蓄积分的兑换标准,提高公益积分兑换服务和商品的货币价值,引导持卡中老年人及其子女加强对公益积分的认知与储存,以进一步增强"暖分助老"互助项目的互助属性,防止其商业属性对其公益属性的过度耗损。同时,提升公益积分的功能定位与使用价值,能够更充分地调动社会成员积极参加志愿服务活动获取公益积分,以积分奖励的方式推动全社会营造养老、敬老、孝老的公益氛围。

为改变"暖分助老"互助项目偏实物、轻服务的发展困境,需要进一步开发老年人迫切需要的、价格优惠的服务和产品,引导老年人在选择购买生活类用品的同时,积极兑换社会化养老服务,使持卡老年人能够切实享受到积分兑换服务所带来的各种实惠与便利。优化公益积分兑换方式,引导持卡老人优先使用公益积分兑换服务来满足其多层次、差异化的养老需求,不仅能够平衡"暖分助老"互助项目为老服务之间的积分兑换结构,以服务兑换服务来促进"暖分助老"互助项目的志愿服务活动开展,而且能够最大限度地激发持卡中老年人及其子女参与公益活动的积极性,最终实现以产业支撑公益、以公益回馈产业的发展目标。

二、创新政企合作项目之间的整合方式

为扩充"暖分助老"互助项目的公益板块,需要进一步加强公益积分与政府购买居家养老服务项目、居家老人探访项目、邻里互助项目相结合,创新政企合作项目之间的整合方式,吸引更多项目资金进入,推动"暖分助老"互助项目优先向低收入、高龄、失能、失智、计划生育特殊家庭老人等保障群体倾

斜。当前"暖分助老"互助项目的积分兑换实物重于服务，在一定程度上是由于受益群体以具备自理能力的中老年人群体为主，其对社会化养老服务的需求并不强烈，通过整合"暖分助老"互助项目与政府对保障人群实施的养老服务项目[①]，可以促进特殊困难老年人群享受到"暖分助老"互助项目的便利实惠与社会福利，积极践行项目的互助属性与公益理念。

当前，"暖分助老"互助项目通过将年轻人未能转赠给父母的各类积分放置于公益积分池，将其优先分配给保障人群，以发挥该类公益积分的社会互助养老功能。为进一步提升"暖分助老"互助项目对困难老年人的保障力度，下一步需要积极探索项目对保障人群的积分优惠政策。同时通过"补需方"的方式创新政府用于保障人群的财政资金投入方式，加大对"暖分助老"互助项目的财政支持，帮助保障人群在享受政府购买养老服务的同时，能够进一步享受到项目的公益服务供给。

三、探索个人参与公益服务的激励机制

当前"暖分助老"互助项目的设计模式是直接与异业联盟商合作落实服务和物品兑换，参与服务或物品兑换的志愿者群体由联盟单位直接管理。这类重团体、轻个体的志愿服务供给方式，在很大程度上削弱了个体志愿者参与项目的主动性和积极性。为此需要积极探索个体志愿者参与互助服务的激励机制，吸引更多的社会个人加入"暖分助老"互助项目，积极参与志愿服务供给。

为激励个体志愿者参与，"暖分助老"互助 项目运营商可积极与有关商业保险公司展开合作，吸引其成为异业联盟商成员，为志愿者个人和持卡人群设立与购买具有公益性质的意外保险，解除各方主体的后顾之忧。同时还可寻求获得政府的支持，推动政府与保险公司合作建立"暖分助老"志愿者综合意

[①] "暖分助老"互助项目运营团队同时承担着多个政府购买服务项目，这就为运营区域内项目之间的整合提供了空间。

外保险,并由政府出资为项目个体志愿者购买该综合意外保险,保障个体志愿者免受意外损失。在物质激励方面,可通过赠送公益积分、消费积分的方式鼓励社会成员积极加入"暖分助老"活动,也可通过颁发荣誉证书、进行公开表彰、宣传典型事迹等精神奖励来调动其积极性。在吸纳个体志愿者进入的同时,还需要注重对个体志愿者进入"暖分助老"互助项目的资格考核,从进入门槛方面保证志愿者队伍服务质量,鼓励已加入的个体志愿者获得所从事服务与行业的资质证书,不断提升其服务技能与水平。

四、探索项目运行的保障机制

在积分通兑上,由于大型连锁超市等大品牌企业的财务系统相对独立封闭,数据接入存在困难,特别是总部不在西安市的企业单位,沟通协商更为困难,致使"暖分助老"互助项目的积分与企业积分难以实现对接和兑换,在一定程度上影响了积分的通兑功能。因而需要加强协商谈判,通过以点带面的方式重点突破目标企业,以倒逼其他大品牌企业跟进积分通兑。

此外,在地区联动上,当前"暖分助老"互助项目尚处于试点探索期,只是在西安市的三个区县运营实施,项目的地区联动问题尚不突出。为了解决异地子女对其父母的积分转赠问题,需要树立长期和整体发展思维,将多城联动举措作为"暖分助老"互助项目未来长效运行的保障机制,拓展公益积分、消费积分、储蓄积分的赠与来源。这对于承接了多个城市养老服务项目运营的"暖分助老"运营团队来说已经具备一定基础了。[①] 为此,在今后"暖分助老"互助项目发展规划上,需构建项目地区联动的发展格局,可按照由近及远的原则分阶段推进。即首先从西安市的三个行政区外扩到西安市的所有行政区,在西安市级层面率先实现积分的通积、通存、通兑。待发展所需和时机成熟后从西安市外扩到与西安市人口流动密切的周边地市,并逐步推广至全省,直至

---

① "巾帼依诺"公司及下属全资机构在承接西安市及区县政府购买养老服务项目的同时,还承接了铜川市、榆林市、山西省运城市等多个地市或县市的政府购买养老服务、评估和公建民营项目。

邻近省份和大中城市,实行暖分助老内容统一、规则统一、标准统一。

西安"暖分助老"互助项目发展大事记

(1)2014年,西安市民政局与陕西巾帼依诺家政服务有限公司正式签订社区社会服务平台建设和运营合作协议,负责运营平台的社会化服务部分。

(2)2016年,陕西巾帼依诺家政服务有限公司组团前往日本考察养老服务及全民积分情况。

(3)2018年,西安市民政局与陕西巾帼依诺家政服务有限公司共建西安市智慧养老服务信息平台,由西安市如亲智慧养老发展中心负责平台的具体运营,为80.4万老年人建立了基础电子档案。

(4)2018年,在由西安市举办的第七届(丝路国际)老龄暨健康产业博览会上,陕西巾帼依诺家政服务有限公司与西安市一卡通管理有限责任公司、西安签约金融机构,共同筹建"暖分助老"信息管理平台。

(5)2018年8月,南京市民政局及南京志愿者协会相关领导前来考察"暖分助老"项目并对项目给予高度评价。

(6)2018年10月,西安市如亲智慧养老发展中心与莲湖区民政局签订"暖分助老"互助项目战略合作协议。

(7)2019年2月,"暖分助老"信息管理平台正式建成。同年3月,首个暖分兑换超市在莲湖区建设落地。

(8)2019年3月,如亲智慧养老发展中心与中国人寿保险股份公司陕西分公司签订"暖分助老"合作协议。

(9)2019年3月,莲湖区民政局下发《关于"暖分助老"项目试点工作的通知》(莲民字〔2019〕22号)。3月29日,区民政局召开全区街办负责人会议,会议,部署"暖分助老"互助项目试点工作。

(10)2019年5月,国家居家和社区养老服务体系综合改革试点验收小组到莲湖区民政局听取西安市居家和社区养老服务体系综合改革试点工作汇报和实地检查试点实施情况,"暖分助老"互助项目试点工作受到验收小组成员高度肯定。

（11）2019年12月，莲湖区举办"公益创投与社区治理"服务创新论坛，"暖分助老"互助项目运营团队以"暖分助老"行动，破解养老难题"为主题在社区养老模式创新与实战探索分论坛上发言，引起社会各界广泛关注。

（12）2020年6月，掌上"暖分助老"互助项目手机版正式上线，中老年人或其子女可以通过手机实现自助办卡、查询积分和兑换积分。

（13）2020年8月，西安市高陵区民政局与如亲智慧养老中心签订"暖分助老"项目战略合作协议。同年9月，西安市高陵区"暖分助老"互助项目工作启动。

（14）2021年，"暖分助老"互助项目运营团队与西安长安通支付有限责任公司续签合作协议，在西安市民卡"长安通"APP正式上线"暖分助老"互助项目办理业务，市民可通过"长安通"APP自助申办"暖分助老"虚拟卡。

（15）2021年11月，"暖分助老"互助项目在西安市未央区民政局获批备案。西安市未央区正式启动实施"暖分助老"互助项目工作。

（16）2021年12月，"暖分助老"互助项目在西安妇联、民政局、商务局等八部门开展的首届西安市女性创新创业大赛中获巾帼创客奖。

（17）2022年，陕西巾帼依诺家政服务有限公司开始建立"暖分助老"社区运营模型，并筹备暖分社区新生活，将"暖分助老"互助项目向社区服务延伸，受益群体更加广泛。

参 考 文 献

[1]贺雪峰:《互助养老:中国农村养老的出路》,《南京农业大学学报(社会科学版)》2020年第5期。

[2]杜鹏、李龙:《新时代中国人口老龄化长期趋势预测》,《中国人民大学学报》2021年第1期。

[3]刘厚莲:《世界和中国人口老龄化发展态势》,《老龄科学研究》2021年第12期。

[4]景跃军、李涵、李元:《我国失能老人数量及其结构的定量预测分析》,《人口学刊》2017年第6期。

[5]赵娜、方卫华:《人口老龄化、养老服务需求与机构养老取向》,《重庆社会科学》2016年第5期。

[6]王琼:《城市社区居家养老服务需求及其影响因素——基于全国性的城市老年人口调查数据》,《人口研究》2016年第1期。

[7]丁志宏、曲嘉瑶:《中国社区居家养老服务均等化研究——基于有照料需求老年人的分析》,《人口学刊》2019年第2期。

[8]郑之良:《可持续发展背景下我国老年人力资源开发研究》,《人口与经济》2010年第S1期。

[9][英]亚当·斯密:《道德情操论》,蒋自强等译,商务印书馆1997年版。

[10]Frazer, Sir James G., "*Folklore in the Old Testament: Studies in Comparative Religion, Legend, and Law*", Random House Value Publishing, 1988, pp.71-163.

[11]Homans, G. C., "Social behavior as exchange", *American Journal of Sociology*, Vol. 63, No. 6, pp.604-606.

[12]Blau, P. M., "*Exchange and Power in Social Life*", New Brunswick, NJ: Transaction, 1986, pp.88-115.

[13] Clark, M. S., Pataki, S. P., "*Interpersonal Processes Influencing Attraction and Relationships*", in *Advances in Social Psychology*, A. Tesser (Eds.), Boston: McGraw Hil, 1995, pp.283-331.

[14] Meeker, B. E., "Decisions and exchange", *American Sociological Review*, Vol. 36, No. 3, pp.485-495.

[15] Whitham, M. M., Clarke, H., "Getting is Giving: Time Banking as Formalized Generalized Exchange", *Sociology Compass*, Vol. 10, No. 1, pp.89-91.

[16] Ostrom, E., Parks, R. B. (eds), "The Public Service Production Process: A Framework for Analyzing Police Services", *Policy Studies Journal*, Vol. 7, No. 1, pp.381-383.

[17] Ostrom, E., "Citizen Participation and Policing: What Do We Know?", *Nonprofit & Voluntary Sector Quarterly*, Vol. 7, No. 1, pp.105-107.

[18] Whitaker, G. P., "Coproduction: Citizen Participation in Service Delivery", *Public Administration Review*, Vol. 40, No. 5/6, pp.240-246.

[19] Rich, R. C., "Interaction of Voluntary and Governmental Sectors: Toward an Understanding of the Coproduction of Municipal Service", *Administration and Society*, Vol. 13, No. 5, pp.61-63.

[20] Osborne, S. P., Radnor, Z., Strokosch, K., "Co-Production and the Cocreation of Value in Public Services: A Suitable Case for Treatment", *Public Management Review*, Vol. 18, No. 5, pp.639-653.

[21] Parks, R. B., Oakerson, R., Ostrom, E., et al., "Consumers as Coproductions of Public Services: Some Economic and Institutional Consideration", *Policy Studies Journal*, Vol. 9, No. 7, pp.951-1115.

[22] Percy, S. L., "Citizen Coproduction: Prospects for Improving Service Delivery", *Journal of Urban Affairs*, Vol. 5, No. 3, pp.203-210.

[23] 张云翔:《公共服务的共同生产:文献综述及其启示》,《甘肃行政学院学报》2018年第5期。

[24] 徐进:《一个简明述评:福利多元主义与社会保障社会化》,《西南石油大学学报(社会科学版)》2019年第3期。

[25] Everse, A., "*Shifts in the Welfare Mix: Introducing a New Approach for the Study of Transformations in Welfare and Social Policy*", Vienna: Eurosocial, 1988, pp.7-30.

［26］Johnson, N., "*Mixed Economies of Welfare: A Comparative Perspective*", New York: Prentice Hal, 1999, pp.20-23.

［27］［美］Neil Gilbert、Paul Terrell:《社会福利政策引论》,沈黎译,华东理工大学出版社2013年版。

［28］Pinker, R., "Making Sense of the Mixed Economy of Welfare", *Social Policy and Administration*, Vol. 26, No. 4, pp.273-284.

［29］Maslow, A. H., "The Theory of Human Motivation", *Psychological Review*, Vol. 50, No. 4, pp.372-385.

［30］［美］亚伯拉罕·马斯洛:《动机与人格》,徐金生译,中国人民大学出版社2013年版。

［31］World Health Organization: Active Ageing: A Policy Framework, https://apps.who.int/iris/handle/10665/67215, 2002-10-31.

［32］WHO Quality of Life Assessment Group, "What Quality of Life?", *World Health Forum*, Vol. 17, No. 4, pp.354-365.

［33］刘光阳:《Citespace国内应用的传播轨迹——基于2006—2015年跨库数据的统计与可视化分析》,《图书情报知识》2017年第2期。

［34］陈悦、陈超美、刘则渊等:《Citespace知识图谱的方法论功能》,《科学学研究》2015年第1期。

［35］杨祖国、李秋实:《中国情报学期刊论文篇名词统计与分析》,《情报科学》2000年第9期。

［36］刘欣:《我国互助养老的实践现状及其反思》,《现代管理科学》2017年第1期。

［37］向运华、李雯铮:《集体互助养老:中国农村可持续养老模式的理性选择》,《江淮论坛》2020年第3期。

［38］张志雄、孙建娥:《多元化养老格局下的互助养老》,《老龄科学研究》2015年第5期。

［39］曹莹、苗志刚:《"互联网+"催生智慧互助养老新模式》,《人民论坛》2018年第8期。

［40］欧旭理、胡文根:《中国互助养老典型模式及创新探讨》,《求索》2017年第11期。

［41］杨康、李放:《自主治理:农村互助养老发展的模式选择》,《华南农业大学学

报(社会科学版)》2021年第6期。

[42]丁煜、朱火云:《农村互助养老的合作生产困境与制度化路径》,《厦门大学学报(哲学社会科学版)》2022年第1期。

[43]万颖杰:《村庄本位视角下农村互助养老的发展困境与应对策略》,《中州学刊》2021年第6期。

[44]齐鹏:《农村幸福院互助养老困境与转型》,《南京农业大学学报(社会科学版)》2022年第3期。

[45]王辉:《农村互助养老长效机制:理论建构与实现路径》,《南京社会科学》2023年第2期。

[46]郑春平、葛幼松:《基于城乡互助养老的乡镇养老适宜性评价研究——以扬州市为例》,《上海城市规划》2021年第5期。

[47]睢党臣、曹英琪:《共享经济视阈下城乡互助养老模式的构建》,《长白学刊》2019年第2期。

[48]杨康、李放:《农村互助养老的"组织化"困境与优化路径——基于社会资本视角》,《兰州学刊》2023年第5期。

[49]孙永勇、江奇:《认知性社会资本对农村居民互助养老参与意愿的影响研究》,《辽宁大学学报(哲学社会科学版)》2021年第5期。

[50]杨康、李放、沈苏燕:《农村互助养老绩效的内涵及其实践逻辑:基于合作生产视角》,《农业经济问题》2022年第4期。

[51]丁煜、朱火云、周桢妮:《农村互助养老的合作生产何以可能——内生需求和外部激励的必要性》,《中州学刊》2021年第6期。

[52]陈友华、苗国:《制度主义视域下互助养老问题与反思》,《社会建设》2021年第5期。

[53]赵志强、杨青:《制度嵌入性视角下的农村互助养老模式》,《农村经济》2013年第1期。

[54]卢艳、张永理:《社会支持网络视角下的农村互助养老研究》,《宁夏党校学报》2015年第3期。

[55]陈晓东、徐黎:《农村空巢老人"守望互助"养老模式构建探析——基于社会支持视角》,《兰州工业学院学报》2021年第1期。

[56]刘晓梅、刘冰冰:《社会交换理论下农村互助养老内在行为逻辑与实践路径研究》,《农业经济问题》2021年第9期。

[57]高新宇、周静舒:《时间银行互助养老模式的运行机理与优化策略——基于社会交换理论视角》,《河北农业大学学报(社会科学版)》2023年第1期。

[58]周荣君、洪倩、李贤相等:《城市社区居家老年人互助养老意愿影响因素分析研究》,《中国全科医学》2020年第29期。

[59]曹梅娟、王亚婷:《低龄老年人参与"时间银行"互助养老模式的意愿调查》,《护理研究》2018年第14期。

[60]韩鑫、徐凌忠、温宗良等:《农村老年人互助养老方式选择意愿现状及影响因素分析》,《中国卫生事业管理》2022年第12期。

[61]陶巍巍、张善红、张良瑜等:《社区老年人互助养老意愿现状及其影响因素分析》,《中国护理管理》2020年第4期。

[62]辛宝英、杨真:《子女外出对农村老人互助养老意愿的影响》,《人口与经济》2022年第5期。

[63]于长永:《农村老年人的互助养老意愿及其实现方式研究》,《华中科技大学学报(社会科学版)》2019年第2期。

[64]聂建亮、唐乐:《人际信任、制度信任与农村老人互助养老参与意愿》,《北京社会科学》2021年第5期。

[65]王立剑、朱一鑫:《社区服务利用与农村老年人互助养老意愿——广义生产性框架下的机制分析》,《人口与经济》2022年第5期。

[66]刘敏娟、张学福、颜蕴:《基于核心词、突变词与新生词的学科主题演化方法研究》,《情报杂志》2016年第12期。

[67](汉)韩婴:《韩诗外传集释》,中华书局1980年版。

[68]胡平生、陈美兰译注:《礼记·孝经》,中华书局2007年版。

[69]方勇译注:《孟子》,中华书局2015年版。

[70]焦循:《孟子正义(上)》,中华书局1987年版。

[71](清)郭庆藩:《庄子集释》,中华书局2012年版。

[72]方勇译注:《墨子》,中华书局2011年版。

[73]崔高维校点:《周礼·仪礼》,辽宁教育出版社2000年版。

[74]景军、赵芮:《互助养老:来自"爱心时间银行"的启示》,《思想战线》2015年第4期。

[75]王文涛:《秦汉社会保障研究——以灾害救助为中心的考察》,中华书局2007年版。

[76](清)严可均:《全上古三代秦汉三国六朝文》,中华书局1958年版。

[77](唐)房玄龄:《晋书》,中华书局1999年版。

[78](梁)沈约:《宋书》,中华书局1999年版。

[79][日]仁井田升:《唐令拾遗》,栗劲等编译,长春出版社1989年版。

[80](唐)杜佑:《通典(卷七)》,中华书局1988年版。

[81]宁可、郝春文:《敦煌社邑文书辑校》,江苏古籍出版社1997年版。

[82]袁同成:《"义庄":创建现代农村家族邻里互助养老模式的重要参鉴——基于社会资本的视角》,《理论导刊》2009年第4期。

[83]王国平、唐力行:《明清以来苏州社会史碑刻集》,苏州大学出版社1998年版。

[84](元)黄溍撰:《金华先生文集(卷十)》,王颋点校:《黄溍全集》,天津古籍出版社2008年版。

[85]龚浩、王涛:《义庄族田:我国古代宗族的慈善模式》,《学习时报》2022年3月4日。

[86]卡利:《明清徽州族规家法选编》,黄山书社2014年版。

[87]李学如:《从宗族到乡邻:清末江南义庄救助事业的社会化》,《廊坊师范学院学报(社会科学版)》2019年第3期。

[88](清)王其淦、吴康寿:《光绪武进阳湖县志》,《中国地方志集成·江苏府县志辑:第37册》,凤凰出版社2008年版。

[89]费成康:《中国的家法族规》,上海社会科学院出版社1998年版。

[90]林闽钢、梁誉:《我国社会福利70年发展历程与总体趋势》,《行政管理改革》2019年第7期。

[91]柴彦威、肖作鹏:《中国城市的单位透视》,东南大学出版社2016年版。

[92]林闽钢、梁誉:《论中国社会服务的转型发展》,《行政论坛》2018年第1期。

[93]崔乃夫:《当代中国的民政(下)》,当代中国出版社1994年版。

[94]方静文:《从互助行为到互助养老》,《中南民族大学学报(人文社会科学版)》2016年第5期。

[95]杨国军、刘素婷、孙彦东:《中低收入老年群体互助养老的实现与供给侧结构性改革》,《改革与战略》2017年第8期。

[96]李晓燕、孙林、方萍等:《我国"志愿时间银行"问题研究——现状、问题及对策》,《劳动保障世界(理论版)》2013年第1期。

[97]丁安祥:《老年人的福音青壮年的义举社会的保障——评说社区助老服务

"时间储蓄"》,《民政论坛》2001年第1期。

[98]谢兴吾、王朝顺:《年轻存时间 年老享服务——衡阳市石鼓区推出"时间银行"互助养老方式》,《中国人力资源社会保障》2014年第9期。

[99]陈功、黄国桂:《时间银行的本土化发展、实践与创新——兼论积极应对中国人口老龄化之新思路》,《北京大学学报(哲学社会科学版)》2017年第6期。

[100]陈功、杜鹏、陈谊:《关于养老"时间储蓄"的问题与思考》,《人口与经济》2001年第6期。

[101]陈友华、施旖旎:《时间银行:缘起、问题与前景》,《人文杂志》2015年第12期。

[102]陶士贵、张瑛:《"时间银行"互助养老的机理与路径:基于时间货币视角》,《新视野》2022年第2期。

[103]王笑寒、郑尚元:《"时间银行"公益互助养老服务机制之法律关系界定与构造》,《山东大学学报(哲学社会科学版)》2020年第6期。

[104]李晓燕、孙林、方萍等:《我国"志愿时间银行"问题研究——现状、问题及对策》,《劳动保障世界(理论版)》2013年第1期。

[105]田保宁:《中国社区时间银行的管理与服务研究》,硕士学位论文,山东大学哲学与社会发展学院,2018年。

[106]张萍、杨祖婵:《中国志愿服务事业的发展历程》,《当代中国史研究》2013年第3期。

[107]费心怡、崔树银:《公众对"时间银行"认知和参与的调查研究》,《价值工程》2013年第17期。

[108]张晨寒、李玲玉:《时间银行:居家养老服务模式的新探索》,《河南师范大学学报(哲学社会科学版)》2016年第5期。

[109]纪春艳:《农村"时间银行"养老模式发展的优势、困境与应对策略》,《理论学刊》2020年第5期。

[110]Marks, M. B., "Time Banking Service Exchange Systems: A Review of The Research and Policy and Practice Implications in Support of Youth in Transition", *Children and Youth Services Review*, Vol. 34, No. 7, pp.1230-1236.

[111]Collom, E., Lasker, J., Kyriacou, C., "Equal Time, Equal Value: Community Currencies and Time Banking in The US", *Contemporary Sociology*, 2, Vol. 44, No. 2, pp.184-186.

[112]肖凯、王蒙、唐新余等:《基于区块链技术的公益时间银行系统》,《计算机应用》2019年第7期。

[113]郭剑平、王彩玲、黄健元:《社会交换视角下区块链赋能养老服务时间银行发展研究》,《中州学刊》2021年第12期。

[114]Kumar-Kakar, A. "Investigating Factors That Promote Time Banking for Sustainable Community Based Socio-economic Growth and Development", *Computers in Human Behavior*, Vol. 107, No. 4, pp.1-9.

附录一：中国时间银行互助养老模式发展研究报告

一、中国时间银行互助养老的发展与现状

自20世纪90年代中后期我国开始引进时间银行的理念与方法，时间银行模式在我国互助养老领域已经有二十多年的发展历程。从其发展的脉络来看，大致经历了萌芽、起步、发展三个时间阶段。

（一）时间银行互助养老模式的萌芽阶段（1995—2009年）

我国最早引入时间银行理念的是20世纪90年代的台湾省。

1998年4月，上海市虹口区提篮桥街道晋阳社区居委会也开始探索起了时间互助服务行动，鼓励低龄老人为高龄老人提供服务。时间储蓄的管理责任主要由晋阳社区委员会承担，社区委员会为提交服务申请的老年人进行志愿者匹配，同时将志愿者服务的内容和服务等具体情况进行存档，待参与者未来需要的时候可兑换服务。[①] 1999年初，北京市朝阳区潘家园松榆里第一居委会以互助养老为主要内容自发建立了北京市第一家时间银行。组织低龄老人义务照顾高龄老人，并为服务者发放"低龄老人服务卡"，用于记载服务时间和服务内容。持卡人步入高龄后可在该居委会范围享有相等时间，相同质

[①] 李晓燕、孙林、方萍等：《我国"志愿时间银行"问题研究——现状、问题及对策》，《劳动保障世界（理论版）》2013年第1期。

量的服务①。同年11月,广州市寿星大厦为了更好地服务入住老年人,希望在提供物质服务之上也能满足老人的情感需求,建立了时间银行,期望入住的老年人能相互帮助,依靠大家的力量创造更好的养老环境。参与者可以将服务时间计入记录册,在未来进行病床护理、清洁卫生、代购、娱乐以及心理辅导等服务的兑换②。

2000年之后,我国更多的地区开始实践时间银行互助养老模式。2004年2月,北京市大红门南里社区建立起"爱心志愿服务时间银行",50多名党员和积极分子成为首批注册会员。志愿者可以将参与的公益活动时间记录在时间储存卡中,积累越多得到也就越多③。2005年8月,江苏南京市滨湖街道兆园社区建立了时间银行,在为老年人提供服务之外,还缓解了附近的低龄老人和失业人员无业闲置等状况。其服务项目涉及修理、家教、健康咨询、家政服务、婴幼儿护理等30多项,基本上涵盖了社区居民所需要的服务类型。到2008年,兆园社区时间银行注册人数已快速发展为1800人,总记录时长达到2万个小时,并且其所在的滨湖街道也建立了7家分行。④ 2006年10月,安徽黄山市屯溪老街社区成立了老人互助服务时间银行,以退休人员自管小组为单位进行互助服务管理,服务对象主要是因年龄、疾病等原因导致生活不能自理的老年人,服务内容主要是生活照料、聊天陪伴等。⑤ 2009年11月,广州市越秀区在劳动保障局的推动下分别在洪桥、广卫街、光塔街三地街道进行了时间银行互助养老的试点工作。养老服务储蓄按照"1爱心工时=1小时服

---

① 丁安祥:《老年人的福音青壮年的义举社会的保障——评说社区助老服务"时间储蓄"》,《民政论坛》2001年第1期。

② 王选:《养老广州有一家"时间银行"》,2022年5月4日,见https://www.docin.com/p-1477516384.html。

③ 张楠通、钟媛媛、鞠威:《北京一社区启动"爱心时间银行"》,2004年2月23日,见http://news.sohu.com/2004/02/23/54/news219175450.shtml,2004-02-23。

④ 项凤华、都怡文:《义务巡逻员变身"时间银行"首富》,2008年8月29日,见https://news.sina.com.cn/c/2008-08-19/035714327390s.shtml?from=wap,2008-08-29。

⑤ 新安晚报:《互助"时间银行"首现屯溪》,2005年10月28日,见https://news.sina.com.cn/c/2005-10-28/03397288370s.shtml。

务"进行储存,服务时间按照"2爱心工时=1个未来退休后免费服务"进行兑换。养老服务内容包括家具清洁、日间照料、送医送药、精神慰藉以及其他公益活动。其享受对象除了自己之外还可以转送给家人和需要帮助的老人。①

在初始萌芽阶段,我国时间银行互助养老的探索地区根据自身的特点进行了相对多样化的尝试。但就实施范围而言,这一阶段的时间银行主要以社区为单位建立,覆盖的范围、组织的规模较小,同时缺乏法律政策等制度保障。

附表1 2010年前我国部分省份城市时间银行建立时间表

地区	建立时间
台湾	1995年
上海虹口区提篮桥街道晋阳社区	1998年4月
北京朝阳区潘家园松榆里	1999年初
广东广州市寿星大厦	1999年11月
北京丰台区大红门街道石榴园南里社区	2004年2月
江苏南京市建邺区滨湖街道兆园社区	2005年8月
安徽省黄山市屯溪区老街街道老街社区	2006年10月
广东广州市越秀区洪桥、广卫街、光塔街	2009年11月

资料来源:课题组自制。

(二) 时间银行互助养老模式的起步阶段(2010—2015年)

在这一阶段,各地相继推出了与时间银行相关的政策条例,时间银行互助养老模式的发展得到了一些地方政府的支持。2011年8月,浙江省在《浙江省老龄事业发展"十二五"规划》中明确提出"百万志愿者助老工程"是八大重点工程,其中"广泛建立时间银行制度,进行志愿服务储蓄"被列为推动"为老

---

① 马学玲:《广州现养老服务储蓄机制 专家称重在政府经费支持》,2009年11月4日,见 https://www.chinanews.com.cn/sh/news/2009/11-04/1946801.shtml。

服务"持续健康发展的重要途径。2012年湖北黄石市阳新县下发了《建立"时间银行"爱心助老服务储蓄制度实施方案(试行)》(阳政办发〔2012〕101号),推动全县范围内助老时间银行的建立。其文件规定志愿者可以是全县范围内身体健康、具有民事行为能力的市民,而服务对象是60周岁以上城市"三无"老人、农村"五保"老人、空巢老人、优抚人员、生活不能自理的失能老人,以及其他不满60周岁但有特殊困难需要帮助的人员。2015年12月,江苏省十二届人大常委会第十九次会议通过了《江苏省养老服务条例》,其中第四十九条明确提出要建立志愿服务时间存储机制。志愿者本人或其直系亲属步入老龄后,可以根据其之前储蓄的志愿服务时间,优先、优惠地享受到养老服务。由此,时间银行第一次进入地方养老服务立法议程,其社会认同度在不断提高。此外,与时间银行互助养老密切相关的志愿服务记录政策也在同期得以建立。如2012年民政部发布《关于开展志愿服务记录制度试点工作的通知》(民函〔2012〕355号)和《志愿服务记录办法》(民函〔2012〕340号),2015年中央文明办、民政部、教育部、共青团中央发布《关于规范志愿服务记录证明工作的指导意见》(民发〔2015〕149号)等,在很大程度上助推了时间银行互助养老模式的快速发展。

除了政策文件的出台之外,新的时间银行互助养老也在更多的地方出现。2010年10月,甘肃兰州市白银路街道甘家巷社区建立了时间银行,其服务内容涵盖养老服务、家政服务、社会救助等多个方面。[①] 2011年3月,湖南省长沙市长沙县星沙街道望仙桥社区依托社区志愿服务组织设立了时间银行。该时间银行下设志愿者环保服务、义务巡逻、医疗服务等10支小分队,提供关爱老人、文明劝导、社会救助等志愿服务。[②] 2011年12月,河南郑州市金水区南阳新村街道绿城社工服务站依托网站成立了电子时间银行,并通过爱心时间

---

① 塬上草:《把我们的闲暇存进银行》,2015年1月20日,见 http://2014.jygxw.com/szb/2015-01/20/content_81725.htm。
② 唐建兵、陈登辉、范先顺:《长沙县创4个市级雷锋号志愿服务站》,2012年10月15日,见 https://news.sina.com.cn/o/2012-10-15/092425359847.shtml。

存储激励志愿服务时间①。2012年6月,山东潍坊市奎文区东关街道苇湾社区推出了时间银行,为每名志愿者开设一个专属"时间银行账号"。志愿者根据自己的特长,分别加入社区"助老敬老服务队""爱心救助服务队""手拉手助学服务队"等志愿者队伍,通过提供志愿服务储存和提取服务时间。② 2012年7月,四川广元市利州区东坝街道陈家壕社区建立爱心时间银行,动员广大党员和社区志愿者为社区内老、幼、弱、病、残等特殊群体提供健康保健、环保知识讲解、社区助残、文化教育、社区治安巡逻等多种服务项目。③ 2012年山东潍坊市奎文区东关街道苇湾社区为解决社区内老年人的养老问题,建立了党员志愿者、职工志愿者、青年志愿者、夕阳红志愿者等共同组成的志愿服务时间银行。④ 2013年9月,经湖北武汉市团市委备案,武汉夕阳春大观园志愿服务总队建立时间银行,组织志愿力量为社区的空巢老人、高龄老人提供公益服务⑤。2013年10月,广州市南沙区政府主导建立了"南沙时间银行",机构与个人通过信息平台可承接与参与服务,为民众提供公益活动、志愿服务、社区便民服务等(受服务对象大部分都是孤寡老人)。⑥ 2013年11月,浙江金华市乐福社会工作服务中心在八咏楼社区创办了时间银行,借鉴银行的运营模式,用"存储服务时间"和"支取服务时间"的方式鼓励老年人在力所能及的

---

① 韩忠林:《揭秘郑州首家"时间银行":成立10年,可"存款"、"取款",还提供"贷款"服务,志愿者达到上万人》,2021年9月8日,见 https://baijiahao.baidu.com/s? id=1710284104162793496&wfr=spider&for=pc。
② 孙瑞荣:《各地尝试建立"时间银行" 志愿服务"存取"让爱心流动起来》,2014年5月14日,见 http://wf.wenming.cn/jujiao/201405/t20140514_3352276.shtml。
③ 利州民政局:《全市首家"爱心时间银行"成立》,2012年7月16日,见 http://mzj.cngy.gov.cn/new/show/706ceb978b664bcb8fa64c09976d81e4.html。
④ 邢婷:《潍坊惊现"时间银行" 可据"存储"支取爱心服务》,2013年9月30日,见 http://sd.ifeng.com/news/fengguanqilu/detail_2013_09/30/1283825_0.shtml? _from_ralated。
⑤ 银行信息港:《武汉首家"时间银行"开业 探索新型养老新模式》,2013年9月29日,见 http://finance.sina.com.cn/money/insurance/bxdt/20130929/071016881523.shtml。
⑥ 南沙时间银行:《南沙时间银行介绍》,2016年11月1日,见 https://www.nstimebank.com/82/20161101142107_358.html。

范围内实现社区互助帮扶①。2014年8月,湖南衡阳石鼓区青山街道社区卫生服务中心,以社区为单位鼓励居民为老年人提供护理、心理疏导、法律援助、技能交换、公益食堂、送餐等无偿服务②。

这一时期时间银行也开始由城市向农村开始发展。如2015年4月,河南省新乡市凤泉区五陵村率先在全国建立了农村时间银行,运营当日登记领取存折的就达446人,成为首批时间储户③。新乡五陵时间银行推动了时间银行在农村的建设与发展,也为破解我国农村养老难题,提供了一条新的路径。另外这一时期,一些地方还对时间银行互助养老的形式和功能进行了创新性拓展。如2013年6月,浙江温州鹿台区松台街道菱藕社区设立时间银行服务专柜,鼓励有一技之长的老年人和低龄老人参与助老,除换取相应时间储蓄以外,老年人还可以将存储的时间换算成积分,享受免费的老年电大、电脑培训、理发优惠、免费旅游等服务项目④。2015年北京市中关村街道东里南社区成立了海淀区首家社区社会组织志愿超市,志愿者将志愿服务时长换算成积分存进社区时间银行之后,不仅可以直接兑换服务,还可以换取社会组织的非现金形式的扶持资金,如服装、音响设备、活动用品等,为时间银行的良性循环提供了新的动力机制,也吸引了更多居民参与社区志愿活动⑤。

总体而言,这一阶段,我国时间银行互助养老的发展得到了一系列政府政策支持。并且,时间银行的建立在地理空间上也开始从东部向中西部,由城市

---

① 陶恒:《浙江金华:社区"时间银行"倡导老人互助养老新模式》,2014年5月15日,见http://www.wenming.cn/photo/wenming/201405/t20140515_1941907.shtml。
② 谢兴吾、王朝顺:《年轻存时间 年老享服务——衡阳市石鼓区推出"时间银行"互助养老方式》,《中国人力资源社会保障》2014年第9期。
③ 今日凤泉:《五陵村时间银行正式运营》,2015年8月13日,见https://www.fengquan.gov.cn/news/12_3929。
④ 陆健:《温州"养老"有"银行" 服务时间可互助能兑换》,2013年6月16日,见https://epaper.gmw.cn/gmrb/html/2013-06/16/nw.D110000gmrb_20130616_6-02.htm。
⑤ 北京市海淀区人民政府:《探索社区社会组织志愿服务"超市+银行"新模式》,2015年10月8日,见https://zyk.bjhd.gov.cn/jbdt/auto4541_51837/auto4541_56335/auto4541/auto4541/201810/t20181002_3229853.shtml。

地区向农村地区扩散,服务对象与内容也日趋多元、多样,运营和服务的方式与手段也得到了创新发展。一些已经建立起时间银行的地区也对其进行了进一步的推广。(如附表2所示)。据不完全统计,2008年到2015年期间,基本上一年就有至少一家时间银行在各地成立。并且2015年一年内建立的时间银行数量就约有11家。①

附表2 2011—2015年部分地区时间银行建立时间表

地区	建立时间
甘肃兰州市城关区白银路街道甘家巷社区	2010年10月
湖南长沙市长沙县星沙街道望仙桥社区	2011年3月
河南郑州市金水区南阳新村街道	2011年12月
山东潍坊市奎文区东关街道苇湾社区	2012年6月
四川广元市利州区东坝街道陈家壕社区	2012年7月
湖北武汉市夕阳春大观园志愿服务总队	2013年9月
浙江温州市鹿台区松台街道菱藕社区	2013年6月
广东广州市南沙区珠江街道	2013年10月
浙江金华市婺城区城东街道八咏楼社区	2013年11月
湖南衡阳市石鼓区青山街道	2014年1月
河南新乡凤泉区五陵村	2015年4月

资料来源:课题组自制。

(三) 时间银行互助养老的发展阶段(2016年至今)

经过十几年的发展,我国时间银行在养老服务等方面产生了显著的积极影响,使得时间银行在国家层面的政策文件之中得以提倡,一些文件还为时间银行互助养老的建立与推广制定了相关保障措施。如2016年10月,民政部、

---

① 陈功、黄国桂:《时间银行的本土化发展、实践与创新——兼论积极应对中国人口老龄化之新思路》,《北京大学学报(哲学社会科学版)》2017年第6期。

中央组织部、中央综治办等16部门发布《城乡社区服务体系建设规划（2016—2020年）》提出,健全爱心银行、时间银行等志愿服务回馈制度,推进社区志愿服务经常化和常态化。2017年8月,国务院通过的《志愿服务条例》明确规定,志愿服务组织安排志愿者参与志愿服务活动,应当如实记录志愿者个人基本信息、志愿服务情况、培训情况、表彰奖励情况、评价情况等信息,按照统一的信息数据标准录入国务院民政部门指定的志愿服务信息系统,实现数据互联互通。2019年3月,国务院办公厅发布的《关于推进养老服务发展的意见》（国办发〔2019〕5号）提出,要积极探索"学生社区志愿服务计学分""时间银行"等做法,保护志愿者合法权益。时间银行在国家政策中得到不断重视,同时为时间银行的地方试点指明了前进方向。

在国家政策支持下,各地对于时间银行互助养老的探索也得到持续推进。2017年10月,江西南昌市东湖区全面推行居家养老志愿服务时间银行模式,鼓励60岁以上低龄健康老人和其他志愿者,为社区80岁以上高龄和失能、失智、独居、失独老人提供志愿服务。[1] 2018年9月,广西南宁市青秀区新竹街道新竹社区启动互助养老时间银行,推出家政、护理、餐饮、代办等16项志愿服务内容,在广西率先尝试时间银行服务供给模式。[2] 2018年3月,江西赣州市大余县水南村开始试点建立时间银行,开启了以"志愿时间换积分,积分换服务"的时间银行积分存兑模式。[3] 2019年7月,江苏省南京市政府办公厅颁布《南京市养老服务时间银行实施方案（试行）》（宁政办发〔2019〕38号）,率先在全国建成了市级层面统一的养老服务时间银行。并制定《南京市养老服务时间银行系列标准（试行）》（宁民养老〔2019〕188号）对各级时间银行的职责要求、志愿者与服务对象的基本条件、服务项目与流程事项进行了规范。

---

[1] 洪怀峰:《今天存一份爱心 明天取一份幸福》,2019年10月10日,见https://baijiahao.baidu.com/s? id=1646949522870067867&wfr=spider&for=pc。
[2] 罗倩:《青秀区:新竹社区不断提升老年人生活环境与服务》,2022年5月12日,见http://nn.wenming.cn/wmcj/wmcz/202205/t20220513_7614217.html。
[3] 凤凰新闻:《大余"时间银行":时间存进银行 爱心不断传递》2019年8月22日,见https://ishare.ifeng.com/c/s/7pMDPJ6EfcJ。

2020年4月、2021年12月青岛市和北京市也相继推出《青岛市养老服务时间银行实施方案(试行)》(青民字〔2020〕24号)和《北京市养老服务时间银行实施方案(试行)》(京民养老发〔2021〕206号),都要求构建市、区、街道三级管理体系,对时间银行"时间货币"的发放、服务标准、建成统一的信息管理平台等进行规定,推行市级统一的时间银行体系。除此之外,深圳、上海等城市也在政策中指出要发展时间银行,时间银行互助养老的发展也得到地方政府的更多支持。

时间银行在应用范围上呈现出更多的可能性。如2017年10月,山东烟台市莱州沙河镇路旺原家村爱心时间银行上线,除了失能和半失能者、行动不便的高龄老人以外,带婴儿的妈妈等需要帮扶的人员都可以成为被扶助对象享受邻里之间的免费互助服务。[1] 2021年8月,四川自贡市沿滩区成立新时代文明实践中心志愿服务时间银行,引导、鼓励群众献爱心积极参加农特产品助销、疫情防控、抗洪抢险、社区惠民等文明实践活动。[2] 2022年3月,江苏无锡市在梁溪区启动志愿服务时间银行,将困境儿童、特殊人群也纳入服务对象,使得时间银行开始面向全龄群体。此外,与无锡市梁溪区相似,湖南长沙市望城区时间银行正荣支行,也将志愿服务、社工服务与养老、困境儿童帮扶、特殊困难对象服务等有机融合,推动全民全龄志愿服务。[3]

附表3 2016年至今部分地区时间银行建立时间表

地区	建立时间
江西南昌市东湖区	2017年10月
山东烟台市莱州市沙河镇路旺原家村	2017年10月

---

[1] 文明山东:《莱州有个"爱心时间银行",爱心在这不断增值》,2018年8月21日,见 https://www.sohu.com/a/249133898_351132。
[2] 贺勤思:《把"时间"存起来!自贡市首家志愿服务"时间银行"在沿滩建立》,2021年9月1日,见 https://cbgc.scol.com.cn/news/1965114。
[3] 孔洁、孙洁:《望城区:"时间银行"+"五社联动"助力社工、志愿服务"最后一米"》,2023年3月30日,见 http://hssq.voc.com.cn/content-21065-11.html。

续表

地区	建立时间
江西赣州市大余县水南村	2018年3月
广西南宁市青秀区新竹街道新竹社区	2018年9月
陕西西安市莲湖区	2019年3月
江苏南京市	2019年7月
贵州遵义红花岗区长征街道黄泥坡社区	2019年10月
广西柳州市柳城县城北社区	2020年3月
山东青岛市	2020年4月
江西抚州市临川区西大街街道	2021年12月
四川自贡市沿滩区	2021年8月
北京市	2021年12月
江苏无锡市梁溪区	2022年3月
湖南长沙市望城区正荣服务、正荣公益基金会、正荣财富中心和望城区坤元社工服务中心	2022年3月

资料来源：课题组自制。

二、中国时间银行存在的问题

（一）理论研究较为滞后

首先，我国对于时间银行内涵的界定比较繁多，内涵较为模糊。总体而言目前我国对于时间银行的定义大致分为两类：一类主要聚焦于我国的人口老龄化应对，称为养老服务时间银行或互助养老时间银行，主要指的是志愿者通过为有养老服务需求的老年人提供互助服务，并将服务的时间进行储存，待到未来需要服务的时候兑换服务时间的机制，是一类狭义上的时间银行。另一类则将范畴扩大为志愿与社会服务领域，称为志愿服务时间银行。其中互助服务的对象范围扩大到全人群，只要符合条件，都可以参与时间银行获得志愿者提供的服务,是一种广义上的时间银行。由于目前我国对于时间银行内涵界定比较混杂,各界对时间银行的使用比较随意,这就导致人们对于时间银行的认知比较模糊,不利于时间银行互助养老的社会普及和制度统一。

其次,时间银行所遵循的时间等值交换会带来"劣币驱逐良币"问题,也就是在相等的时间内,不同的劳动具有不同的强度和技术含量,以时间时长作为计量单位会带来不公平。作为理性人,志愿者们更倾向于参加简单、低强度的服务,导致高强度、劳累的服务项目被排斥,从而带来时间银行交换体系的崩塌①。更进一步,时间银行是以时间货币为媒介进行服务交换的新型交易方式,时间货币在此过程中承担了交易媒介、价值尺度、支付手段等货币职能。因此时间银行似乎并未脱离经济关系,依然需要考虑时间货币的贬值增值问题②。总之,伴随着时间银行互助养老的深入发展,在制度优化的过程中是否应该坚持以服务时长的等值交换作为时间银行互助养老的兑换标准逐渐成为我国发展时间银行互助养老亟待考虑和进一步深化研究的理论问题。

再次,时间银行在本质上作为一项互助与志愿行为,强调在社会信任、社区重建以及互助互惠等方面的积极作用。但是也有学者对此提出了质疑,认为强调付出和回报的时间银行与强调无私奉献的精神产生冲突,导致作为"志愿服务"的时间银行在未来发展中会遭遇不可调和的困境。③ 面对我国社会志愿精神和公益意识仍需大力激发的现状,如何结合现实国情和传统文化来推动时间银行互助养老更为广泛、持续的开展,这就需要加强时间银行理论的创新,为时间银行互助养老的后续发展提供更具适用性和本土化的指引。

(二) 制度建设尚不健全

首先,我国时间银行互助养老的法规并不健全。时间银行发展至今,已经

---

① 陈友华、施旖旎:《时间银行:缘起、问题与前景》,《人文杂志》2015 年第 12 期。
② 陶士贵、张瑛:《"时间银行"互助养老的机理与路径:基于时间货币视角》,《新视野》2022 年第 2 期。
③ 王笑寒、郑尚元:《"时间银行"公益互助养老服务机制之法律关系界定与构造》,《山东大学学报(哲学社会科学版)》2020 年第 6 期。

取得了一定的成果,但是在法律上没有对时间银行互助养老进行明确界定是其面临的最主要的问题。一方面,在国家层面,我国并没有针对时间银行互助养老出台专项法律和行政法规,已经颁布实施的相关法律法规当中也并没有明确写入时间银行互助养老等内容。例如作为我国第一部关于志愿服务的专门性法规《志愿服务条例》,明确了志愿服务目的、对象、主要范围、志愿者以及志愿组织的权利义务等各类标准,但是此条例并没有明确适用范围中包括时间银行互助养老,无法为发展提供强有力的制度保障。另一方面,在地方性法规层面对于时间银行互助养老的涉及也比较少见,缺乏系统的论述与要求。例如江苏省在颁布的《江苏省养老服务条例》中对时间银行虽有所提及,将时间银行与养老服务的使用挂钩,但是并没有对时间银行互助养老构成、运行、维护、更新等各方面提供规定和指导。法律法规的缺乏导致了时间银行互助养老的合法性被质疑,影响社会对其的信任程度,不利于此模式长久发展。

其次,我国时间银行互助养老的政策体系缺乏顶层设计。在国家层面并没有出台时间银行互助养老的专项政策,而在地方层面也只有北京、南京等少数城市出台了时间银行互助养老的实施方案,如《南京市养老服务时间银行实施方案(试行)》(宁政办发〔2019〕38号)、《北京市养老服务时间银行实施方案(试行)》(京民养老发〔2021〕206号)、《梁溪区关于推进志愿服务时间银行的工作方案(试行)》(梁政办发〔2022〕14号)等。绝大部分地区并没有制定与实施时间银行互助养老的专项政策。时间银行互助养老作为一个新生事物,从产生到成熟需要各方的不断培育与关注,运行过程也涉及多个环节,如果没有政策的大力支持,仅靠"自下而上"的自发推动,势必会在发展过程中遭遇许多阻碍,也不利于其规范化建设。

(三) 管理层级普遍较低

目前我国时间银行互助养老的绝大部分是以区县、街道乡镇或社区村为单位进行管理。近年来虽然有个别地区如南京、北京等地的时间银行互助养老的管理层级实现了市级统一,但是更多地区的时间银行互助养老管理的层级和范围依然较低,这在很大程度上限制了时间银行互助养老的发展。时间银行得以有效运行的一个重要基础是一定数量的志愿者,需要广泛群体的参与,为时间货币的存储兑换提供来源保障。而无论是社区村,还是街道乡镇覆盖范围都较为狭窄,所能参与、动员的人数比较有限,很难支撑一个时间银行互助养老可持续发展所应达到的志愿力量基数。此外,当前我国人口流动的社会背景要求时间货币易于携带和转换,即要求时间银行互助养老的管理层级能够满足社会成员在地市内甚至省内、国内的流动要求,能够实现时间货币的跨区域通存通兑。而当前社区村、街道乡镇层面,甚至是区县层面的时间银行互助养老也都无法满足这一需求,使得时间银行的适用性大打折扣。

此外,较低的管理层次还会带来时间银行互助养老制度的碎片化问题。各区县、街道乡镇或社区依据各自的地方实情建立起了适用于本区域的时间银行互助养老的政策、机制、内容、系统,使得各地的时间银行往往各具特色,从而造成了时间银行互助养老制度与模式碎片化问题的产生。制度与模式的碎片化一方面导致了各地时间银行之间难以整合,意味着政策与标准之间存在较大差异,难以互通,不利于建设更高层级的时间银行。另一方面也会阻碍不同地区之间的信息流动和信息交互,增加了时间银行遭遇各类风险的概率,不利于时间银行互助养老的稳定、安全发展。

(四) 运行机制仍不完善

首先,当前我国时间银行互助养老的运行存在潜在的信用危机。时间银行是服务时间储蓄和兑换的平台,当自己产生服务需求时就可以从时间银行中提取自己之前储蓄的服务时间,得到志愿者提供的服务。时间银行的这种付出与回报的接续性为其自循环体系的建立提供了动力,同时付出与回报的非连续性也赋予了时间货币储蓄的不确定性。由此可见,时间银行是一个典型的信用产品,具有延期支付的特性。时间银行鼓励社会成员先付出后收获,而非"一手交钱一手交货"的传统观念,不可避免地会带来信用风险,天然地加剧了社会成员对其的不信任程度。为了规避时间银行可能存在的信用风险,就需要权威力量提供信用保障。从目前时间银行互助养老发展现状来看,我国许多时间银行互助养老的管理主体为街道社区,以及社会与市场组织。主体普遍存在力量薄弱、组织松散、公信力不强、获取资源能力有限等弊端,风险的控制与化解能力不足,因而也就无法为时间银行互助养老的顺利运行提供足够的信用保障,大大增加了时间银行互助养老的脆弱性和不稳定。除此之外,时间银行互助养老的信用担保机制和信用评估机制尚未建立健全,也不利于时间银行互助养老的风险承受能力提升。

其次,资金不足也是我国时间银行互助养老当前需要解决的难题之一。时间银行虽然秉持的是互助性和志愿性理念,但在实践中需要大量资金以确保组织、管理、平台、系统的基本的运转,比如管理工作人员的招募培训以及薪酬、信息平台的创建与维护、活动用品的购买等方面都需要资金支持。而时间银行注重宣扬互助友爱的公益精神,在注册、活动、参与等各个环节上均是免费的,服务对象获取志愿者服务也并不需要付费,所以时间银行是不存在市场化的收入来源的,"自我造血"能力通常不足。这就使得时间银行互助养老的管理与运营机构往往容易陷入资金不足的困境,进而阻碍了时间银行互助养老的要素完善和规模扩张。

再次,当前我国时间银行互助养老还存在人力上的不足。从目前各地的运行情况来看,时间银行中的管理工作人员主要是由街道社区的工作人员、社会工作者,以及非营利机构和商业机构的管理人员兼职管理。一方面这些人员本身并不是专业的时间银行互助养老业务管理人员,无法为时间银行互助养老的专业化管理提供保障;另一方面也可能会因额外的时间银行管理工作加重其本职工作,使之产生抵触和消极心理和行为[1],从而导致时间银行互助养老运行过程中管理人员队伍松散、业务不精、管理不规范以及制度不健全等问题的出现。这些管理问题的出现除了对时间银行内部人员管理造成消极影

---

[1] 田保宁:《中国社区时间银行的管理与服务研究》,硕士学位论文,山东大学哲学与社会发展学院,2018年,第35页。

响之外,还对时间银行互助养老的志愿者和服务对象的参与造成了不良影响,比如志愿者参与者活跃度低,服务对象信息不健全,服务质量监管不到位等。

(五) 志愿力量较为薄弱

首先,我国志愿服务事业发展起步晚,发展较为缓慢,目前尚不足以为时间银行互助养老的志愿力量壮大提供肥沃的土壤。在我国传统文化观念之中,人们更多秉持的是"家文化"理念,注重家庭内部的互助,而非整个社会中的志愿服务行为,这导致全社会范围内志愿服务精神缺乏培植土壤。尽管2008年北京奥运会的成功举办,让我国迎来了志愿服务的快速发展,但是与西方国家相比,我国的志愿服务事业依然较为滞后,社会公众对于志愿服务的参与率很低,且短期现象尤为突出。[①] 这些问题都严重影响了时间银行互助养老的发展基础。

其次,时间银行互助养老的志愿者队伍构成失衡也是志愿力量薄弱的重要体现。时间银行互助养老提倡低龄老人参与为高龄老人提供各类服务,同时在已出台的政府政策当中也将时间银行互助养老视为我国社会养老体系的补充,因此在时间银行互助养老的志愿者队伍中低龄或者身体健康的老年人占多数,而大学生、有工作的年轻人等其他年龄段的志愿者比例相对较小,使得时间银行互助养老的志愿者队伍人员构成失衡。由于老年人已经步入了老年阶段,学习能力和身体机能退化,而大学生和年轻人都有自己的主业,不能百分之百投入时间银行互助养老的志愿服务工作中,且服务专业性也不足,因此时间银行互助养老缺乏充足的服务供给,服务内容集中在聊天、送餐等基础服务,类似于生活照顾、医疗护理等专业化服务供给不足。

(六) 信息管理有待提升

我国时间银行互助养老的信息记录和存储水平还比较低。时间银行互助

---

① 张萍、杨祖婵:《中国志愿服务事业的发展历程》,《当代中国史研究》2013年第3期。

养老的可持续运转对信息的记录存储提出较高要求,比如时间货币的记录和兑换需要准确的志愿者服务时间记录,志愿者队伍的注册登记、服务对象的需求发布需要进行个人信息的筛选等。由于当前我国时间银行互助养老的管理方主要为街道(乡镇)、社区(村),运营时间银行的体量较小,志愿者和服务对象数量不多,需要记录和信息较少,加之工作人员又缺乏相应的信息技术支持和技能。基于此,相当多的时间银行互助养老仍然主要采用借助于纸本的手工记录,以及电话接单、人工主动服务的传统管理方式,既耗费了工作人员的大量的人力、精力和时间,也不利于信息的长久、安全保存。即使有一些地方已经建立了相关信息管理系统,但我国时间银行互助养老的信息管理系统的建设与运用还停留在较低水平(如与其他系统共用一个平台)。随着参与者人数的增加,时间银行互助养老发展期限的累积,未来需要记录的服务时间信息将会大幅度增加,这种低信息化水平的管理方式会大大超出时间银行互助养老的运转能力,甚至导致其体系的崩溃。

(七) 社会认知程度较低

时间银行互助养老虽然已经发展了二十多年,不少地方也建立起了养老服务时间银行,但总体而言其对众多社会成员来说依然是陌生事物。绝大部分社会成员并不知道也不了解时间银行。崔树银通过对上海市浦东新区、卢湾区、长宁区部分居民区的调查显示,对时间银行非常了解的仅有2.67%左右,完全没有听说的占到了45.67%。[①] 而赵思凡通过调研发现,甚至有大约90%的访谈对象表示自己完全不知道时间银行,知道的对于时间银行的概念理解也模糊不清。[②]

与此同时,群众对于时间银行互助养老的认知还存在较为明显的地区与

[①] 费心怡、崔树银:《公众对"时间银行"认知和参与的调查研究》,《价值工程》2013年第17期。

[②] 赵思凡:《"时间银行"引入互助养老服务的实现路径研究》,硕士学位论文,西北大学公共管理学院,2017年,第51页。

城乡差别。一方面,时间银行互助养老模式首先在一些诸如上海、北京、南京、广州等大城市试点建立起来。时间银行在这些地区发展时间较长、组织结构较为完善,宣传力度也较强,人们对时间银行的了解程度相对较高。但是在大部分地区,对于时间银行的认知程度依然比较低。[1] 另一方面,我国农村地区发展时间银行互助养老的时间较短,2015年河南省武陵村才建立了第一家农村时间银行,较之于城市的探索落后了将近20年。故对农村而言,时间银行更是一个格外新鲜的事物,即使农村有着适合时间银行发展的显著优势,如紧密的社会关系网络、季节性的耕作劳动、劳动力的回流等,但是农村时间银行发展依然相对比较缓慢,影响力较小。[2] 农村居民对时间银行互助养老的认识还非常陌生,需要进一步加深。

三、中国时间银行的发展建议

(一) 深化理论研究,夯实理论基础

第一,不断加强时间银行互助养老的理论研究。时间银行是在快速发展的老龄化背景下从国外引进的满足社会养老服务需求的应对理念与措施。因此对于我国而言,时间银行互助养老是一个"舶来品",需要在本土化的进程中进一步结合我国的具体国情进行理论构建。一方面,要加强时间银行的内涵探究,明确时间银行的概念、范畴与内容,为相关政策的出台与优化奠定基础。另一方面,要结合我国社会志愿服务的现状,加强对时间银行互助养老等值交换、参与主体、供给模式、影响因素、作用机制、运行条件等方面的探索,研究时间银行互助养老特有的交易媒介、价值尺度、支付手段等功能,厘清政府、社会、市场、个人与家庭等主体在时间银行互助养老运行中的作用与关系,搭建时间银行互助养老供给的理论架构等。再一方面,积极引入社会学、管理

---

[1] 张晨寒、李玲玉:《时间银行:居家养老服务模式的新探索》,《河南师范大学学报(哲学社会科学版)》2016年第5期。

[2] 纪春艳:《农村"时间银行"养老模式发展的优势、困境与应对策略》,《理论学刊》2020年第5期。

学、经济学、政治学,以及交叉学科等多学科视角,围绕时间银行展开探究,拓展时间银行互助养老的研究维度,丰富和创新时间银行互助养老的理论体系。

第二,鼓励更多的学者投入时间银行互助养老的理论研究。正如上文所述,时间银行互助养老仍有许多理论问题亟须研究,这就需要相关部门创造更多的机会汇集更多的学者聚焦相关理论问题进行探究。一方面,民政部、全国老龄工作委员会、中国老龄协会等部门,以及各级地方相关部门可成立时间银行互助养老专家委员会,或是联合高校与科研机构时间银行互助养老研究智库,通过搭建专门的学术探究平台,吸纳时间银行互助养老相关领域的专家学者参与其中,进行学术探讨、形成研究成果、做好人才储备,为时间银行研究奠定组织基础。另一方面,相关政府部门(民政部门、卫健部门、发改部门等)和社会团体(如中国志愿服务联合会、中国老龄事业发展基金会、中国社区发展协会等)可设立一些关于时间银行互助养老的理论研究课题和奖项,推动更多高水平理论成果的产出与应用。

(二) 完善法律法规,加强制度建设

第一,加快时间银行互助养老的法制建设进程。当前应该与时俱进,不断完善《老年人权益保障法》《志愿服务条例》等与时间银行相关的中央与国家层面的法律法规以及优化地方性法规建设,尽快将时间银行列入其中,为时间银行互助养老的建设与发展提供基本的法律依据。在具备相关立法条件的前提之下,可进一步在时间银行建设水平较高的地区出台时间银行的地方性的法规,或在中央与全国层面制定专门的时间银行专项立法。对时间银行的范围与含义、准入与退出原则、运行和风险处理、保障与监管等进行规范,为时间银行互助养老的发展提供坚实的法律保障。

第二,加强时间银行互助养老的制度建设。一方面,专门针对时间银行互助养老出台全国性的指导性文件,明确我国时间银行互助养老的基本内涵、本质属性、宗旨理念、主体责任与义务以及运行规则、发展方向,制定统一标准,构建时间银行互助养老的总体框架;另一方面,完善时间银行互助养老的监督管理制度。建立专门的监管部门,对时间银行互助养老的进入和退出两方面进行监管,杜绝资质不好的时间银行建立,保证时间银行互助养老的运行质量;对时间银行互助养老的资金使用、服务活动、时间货币的发行等其他运行环节进行监督管理,提高运行过程的透明度,保证公平公正。完善激励制度,促进时间银行互助养老的有序运行。

第三,增加政府的支持力度。由于自身的非营利与志愿属性,时间银行互助养老的人力、物力、财力较为薄弱。为此,政府要加大对时间银行互助养老的支持力度。在资金方面,一方面,可以建立时间银行互助养老专项基金并进行专款专用和专门管理,给予资金保障;另一方面,还可以出台税收优惠等政策促进企业参与,丰富时间银行互助养老的可利用资源量。再者,政府要承担一定的风险兜底责任,当志愿者的服务时长无法兑换时政府应提供一定的补偿。此外,政府还可以出资为志愿者进行"投保"。在推广方面,政府要利用自身强大的宣传资源与平台,多层面加强对时间银行互助养老的宣传,提升全社会的认知与接受程度,促使更多的群体和力量关注、参与时间银行。

(三)提高管理层级,建立风险应对机制

第一,逐步提高管理层级。针对目前我国时间银行互助养老管理层级较低、服务资源与政策分散的问题,未来要逐步提高时间银行互助养老的管理层级。首先,在出台全国性时间银行互助养老指导性文件的基础上,逐步整合现有的社区和街道,以及区县层面的时间银行,建立地市级政策、内容、标准统一的时间银行,在市域范围内实现志愿服务时间的通存通兑。其次,还可以以区域为单位,如以省份为单位选择经济社会发展、人口流动比较密切的区域,或以社会经济发展一体化程度较高的区域(如长三角地区、珠三角地区、京津冀地区等)或都市圈(如南京都市圈、武汉都市圈、成都都市圈等)为单位推行政策统一的时间银行互助养老制度,实现区域间统一管理和通存通兑。最后,待各地和区域实践成熟,各项发展条件均能够支撑时间银行互助养老制度全面建立的基础上,再在全国范围内建立统一的时间银行互助养老制度。在形式

上,全国范围统一的时间银行互助养老制度可以采取"总行+分行"的模式,即全国层面建立中国时间银行互助养老总行,区域层面建立时间银行互助养老行一级分行,地市层面建立时间银行互助养老二级分行,区县层面或街道层面建立时间银行互助养老支行,街道层面或社区层面建立时间银行互助养老网点,从而构建起全国纵向一体的时间银行互助养老管理体系。

第二,建立信用担保和风险应对机制。信用产品必须有足够权威主体提供信用担保,增强购买者和使用者的信心。同样,时间银行储存服务时间的延期兑换也需要信用担保机构参与。比起街道(乡镇)、社区(村)以及社会组织而言,政府的权威性更强,更能使民众信服。尤其我国政府不仅拥有行政权力,还具有深厚的群众基础,可以成为时间银行延期支付信用担保的良好选择,因此可在时间银行互助养老的建设过程中体现政府信用担保作用。

(四) 加强队伍建设,优化服务质量

第一,扩大志愿者规模。服务时间的交换是时间银行运行的核心,充足的服务供给是为服务时间给付提供的重要保证,因此一定规模的参与者是必要的。为了扩大志愿者的参与规模,时间银行可积极吸收一些专业团队和组织成员,尤其是具备一定技术技能的成员参与其中。也可以积极寻求与专业团队及组织的合作,在已有的团队与组织中嵌入时间银行互助养老的志愿服务模式,在服务时长积累后增加兑换环节。但是合作之前要对志愿组织进行筛选,确定志愿组织的合法性和正规性,降低风险。除此之外,还可以寻求与社区、企业、学校等部门的合作,将时间银行互助养老与社区的党建活动、企业的团建活动、学校的课外实践等相结合,扩大时间银行互助养老的适用范围,丰富志愿者来源渠道,从而增加服务供给。

第二,健全志愿者培训筛选体系。一方面,时间银行互助养老要完善志愿者培训体系,对志愿者要实行定期培训。理论知识和实际操作要并重,不断强化志愿者劳动技能,提高服务质量,满足服务对象的多层次需求。培训的形式可以采取知识讲座、沉浸式体验等方式。为了鼓励志愿者积极参与技能培训,

可以将培训时间也计入服务时间,比如培训一小时等价于半小时的服务时长。另一方面,时间银行互助养老还可以设置志愿者进入门槛。例如在志愿者注册这一环节设置要求,不满足注册要求的人无法加入时间银行。通过对志愿者进行筛选,有助于保障时间银行互助养老成员的认可度和服务供给质量。

第三,优化志愿者服务管理。首先,要建立科学合理的时间银行互助养老服务供需匹配机制。当服务对象在平台上发布服务需求订单,应该由管理平台先根据有无服务资质或相关经验,以及年龄、性别、地点、服务满意度等多方面利用信息化和智能化技术进行快速筛选与排序,然后对符合条件的志愿者发送"需求订单",再由志愿者自主选择是否"接单"。其次,完善时间银行互助养老组织内部的管理制度,建立评估反馈机制。在完成服务后,志愿者要进行自我和服务对象双向的服务评价,依据反馈信息确定服务结果层次。服务结果也考虑进服务时间的换算影响因素中,激励志愿者提供更好的服务。

(五)技术赋能,提升信息管理水平

第一,建立全国统一的时间银行互助养老信息管理平台。随着参与人数、服务内容的增加,需要记录的信息无法估量,纸笔记录的方式会耗费大量的人力物力,造成资源利用的浪费,而线上的信息管理平台不仅可以快速记录参与者的登记注册、服务活动内容以及时长等信息,还可以高效进行服务时间的转化以及时间银行互助养老的兑换,加快时间银行的运行速度。而且线上的信息管理平台可以跨空间进行信息对接,将全国各地的时间银行互助养老的信息进行云共享,提高了时间银行互助养老的可携带性,有助于实现全国时间银行互助养老的通存通兑。因此,建立全国统一的时间银行互助养老信息管理平台便显得格外重要。就全国时间银行互助养老信息管理平台的建设而言,可由民政部牵头建立,国家卫健委、人社部、教育部、工业和信息化部、公安部等其他相关部门积极参与,完成数据互联与信息共享。各地已经建立的时间银行互助养老信息管理平台可以在全国平台进行接口互联,没有建立的时间银行互助养老信息管理平台的地区可直接采用全国信息管理平台进行管理与运营。

第二,积极探索"区块链+时间银行"的发展模式。有学者认为当前集中在一个中心结构上进行时间货币的结算兑换会带来很多问题,如不透明、数据不安全容易被篡改、中心数据库损坏就会导致无法挽救的损失、中心化的结算节点失效就会导致时间货币无法流通。① 针对以上问题,区块链技术与时间银行的结合提供了一种有效的解决办法。区块链提供了一个分布式的共享账本和数据库,具有不可篡改、全程留痕、公开透明、共同维护等优点,并且自带信任机制②,同时间银行之间具有高度契合性。如南京市在2019年开始探索区块链与时间银行的结合,取得了较好的实施效果。在区块链下,时间银行变成一种多边的、持续的公益活动,既可以实现资源与供需的精准匹配,又可以为政府提供便捷的数据信息,为政策提供依据。③

(六)加强宣传,促进志愿精神形成

布劳认为社会吸引是社会交换发生的必要前提,只有人与人之间产生社会吸引,基于某种目的会相互靠近,然后进行社会交往,在此基础之上社会交换才能实现。因而,为了增加人与人之间的社会信任,需要扩大时间银行互助养老宣传广度,尽可能地将时间银行互助养老相关信息渗透到社会环境中,提高社会成员接收信息的可能性。

首先,可以采取多渠道宣传方式,利用电视、新闻、广播等传统媒体进行信息传播,还可以利用短视频平台、公众号推送等受大众特别是年轻人喜爱的方式进行宣传,也可以充分利用社区街道中的宣传栏,在熟悉的环境中采取张贴

---

① Marks, M. B., "Time Banking Service Exchange Systems: A Review of The Research and Policy and Practice Implications in Support of Youth in Transition", *Children and Youth Services Review*, Vol. 34, No. 7, pp.1230-1236; Collom, E., Lasker, J., Kyriacou, C., "Equal Time, Equal Value: Community Currencies and Time Banking in The US", *Contemporary Sociology*, 2, Vol. 44, No. 2, pp.184-186.

② 肖凯、王蒙、唐新余等:《基于区块链技术的公益时间银行系统》,《计算机应用》2019年第7期。

③ 郭剑平、王彩玲、黄健元:《社会交换视角下区块链赋能养老服务时间银行发展研究》,《中州学刊》2021年第12期。

附录一：中国时间银行互助养老模式发展研究报告

有关时间银行互助养老的报纸海报、悬挂横幅标语等，让人们在潜移默化中留下对时间银行互助养老的印象。其次，可以在街道社区等地点分发时间银行的小册子，包括时间银行基本信息、运行机制、如何注册、如何交换等全过程信息，让人们对时间银行互助养老有一个简单了解，引起人们的好奇心从而进行深入了解。再次，时间银行互助养老可以积极寻求与学校、社区、企业等多部门合作，举办时间银行互助养老案例分享会、宣讲会，让时间银行互助养老志愿者现身说法，提高可信度。

此外，时间银行体现了人与人之间的互帮互助、团结友爱、彼此尊重，传递了社会正能量精神，与社会主义核心价值观相匹配。时间银行互助养老的宣传工作可以与我国的精神文明建设和党建活动相结合，可以弘扬志愿互助精神，加强社会互信，营造良好的社会环境。

附录二:南京、无锡市梁溪区互助养老主要政策文件

市政府办公厅关于印发南京市养老服务时间银行实施方案(试行)的通知

宁政办发〔2019〕38 号

各区人民政府,市府各委办局,市各直属单位:

经市政府同意,现将《南京市养老服务时间银行实施方案(试行)》印发给你们,请认真遵照执行。

南京市人民政府办公厅
2019 年 7 月 17 日

南京市养老服务时间银行实施方案(试行)

养老服务时间银行(以下简称"时间银行")是指政府通过政策设计,鼓励志愿者为老年人提供养老服务,按一定的规则记录储存服务时间,当年老需要时可提取时间兑换服务。时间银行是政府治理、社会调节、居民自治良性互动理念在养老服务领域的具体应用,是发展互助养老的重要方式,可以缓解养老服务力量不足的矛盾,扩大社会参与。根据《志愿服务条例》《关于推进养老服务发展的意见》(国办发〔2019〕5 号)、《南京市提升养老院服务质量若干意见(试行)》(宁委发〔2018〕38 号)等文件精神,现就我市开展时间银行工作制

定如下方案：

一、总体要求

坚持公益性、互助性、激励性、持续性原则，到2020年，构建起"政府主导、通存通兑、权威统一"的时间银行运行机制。

时间银行志愿者分个人志愿者、团体志愿者。个人志愿者的基本条件为：年满18周岁、有公益服务精神、有从事养老服务的时间、身体健康、无个人信用不良记录和严重违法记录。鼓励相关组织以团体志愿者的身份开展时间银行服务。

时间银行服务对象为重点空巢独居老年人、存有时间的60周岁以上老年人。重点空巢独居老年人，是指80周岁以上空巢独居老年人，或60—79周岁低保家庭中失能半失能的空巢独居老年人。

时间银行服务项目为《国务院关于加快发展养老服务业的若干意见》（国发〔2013〕35号）文件明确的"助餐、助浴、助洁、助急、助医"五助服务项目。视试点情况逐步拓展服务项目。

二、重点任务

（一）搭建运行机制

积极探索完善时间银行养老服务运行机制，加强规范管理，提高政策的严谨性、可操作性。

1. 构建市、区时间银行管理体系。市、区构建时间银行管理体系，在市、区政府领导下，由民政部门会同相关部门负责，对时间银行进行分级管理。市级主要职能为：管理全市时间银行运行系统；组织实施时间银行标准化、信息化、法制化建设，开展相关培训；指导各区开展志愿者注册，服务存储、兑换等工作；评估、监管时间银行运行绩效。各区具体组织实施本区时间银行工作。

2. 建立时间银行基金。市设立时间银行专项基金，资金由福彩公益金保障，鼓励社会捐助。专项基金委托市慈善总会设立，主要用于：化解时间银行运行风险；为重点空巢独居老年人发放服务时间；志愿者因户籍迁离本市等原因需注销账户时,按照最新公布的非全日制小时工工资标准的10%给予一次性补助。

3.时间管理与发放。个人志愿者以南京市民卡为载体,开设专门的时间银行账户,暂定1500小时为存储上限,超出的服务时间主要用于捐赠或社会褒奖。团体志愿者服务所产生的时间先期仅可用于捐赠,给予社会褒奖。捐赠的时间优先为重点空巢独居老人服务。

时间发放实行总量控制,单位为小时,当年新增发放时间的数量=新增基金规模/(最新公布的非全日制小时工工资标准×10%)。

市、区应控制时间存储总规模,多渠道整合服务资源,建立养老服务时间银行激励机制,鼓励志愿者捐赠存储时间,保持时间存入和取出实现动态平衡,防范时间银行运行风险。

4.开设时间银行服务点。街镇、社区负责建立和管理时间银行服务点,主要开展时间银行政策宣传,帮助老年人发布服务需求,指导市民注册时间银行志愿者,根据需要开展志愿者培训,协调志愿者与老年人的服务对接等工作。可采取购买服务的方式委托养老服务组织开设时间银行服务点,区财政应当根据服务绩效给予服务点补贴。

(二)制定服务标准体系

市民政局牵头制定全市统一的时间银行运行系列标准或规范,在全社会形成以志愿服务为核心、互帮互助、共建共享的时间银行养老服务体系。主要包括:

1.时间银行管理机构、服务点相关标准及管理制度。

2.志愿者、服务对象审核、注册、培训、退出等相关标准规范。

3.志愿者提供服务的流程及服务标准。

4.时间银行服务安全管理规定、突发事件应急处置办法。

5.时间的存储、兑换、转移、发放规则,志愿者账户管理、注销规则。

6.时间银行服务点以及志愿者奖励办法。

7.时间银行专项基金管理办法。

（三）建立信息管理系统

全市建立统一的时间银行信息管理平台,实现志愿者和服务对象注册、需求发布、服务过程、时间存入及转移、服务评价等严密、便捷管理。加快推动数据共享、信息互通、服务相容,时间银行信息管理平台应加强与全国及省、市志愿服务信息系统数据对接,并在"我的南京 App"开辟"养老时间银行"专栏,供市民实时查询时间存储、消费等情况。平台注册志愿者和服务对象时应对其身份特征、社保、信用等信息进行比对,确保服务在安全、守信的环境下进行。

三、实施步骤

（一）制订方案(2019 年 7 月)。通过外出调研、专家论证等方式,拟定我市时间银行实施方案。(市民政局牵头,市文明办、市财政局、市大数据管理局、南京银行配合)

（二）开发系统(2019 年 10 月)。根据实施方案及相关标准规范,开发全市时间银行信息管理系统。(市民政局牵头,市大数据管理局、市信息中心配合)

（三）开展试点(2019 年 12 月)。每个区各选 1 个街道进行试点,进一步完善工作机制,测试时间银行基金需求和服务流量。(市民政局牵头,各区政府、江北新区管委会落实)

（四）全市推广(2020 年 9 月)。在试点的基础上,各区全面推广,实现全市通存通兑。(市民政局牵头,各区政府、江北新区管委会落实)

四、保障措施

（一）加强组织领导。市政府成立养老服务时间银行推进领导小组,市政府主要领导任组长,分管领导任副组长,市相关部门和各区政府主要领导任成员。办公室设在市民政局,各成员单位在市政府的统一领导下,各司其职,协同推进时间银行建设。市民政局牵头时间银行总体运行;市民政局、市大数据管理局负责搭建时间银行管理信息平台;市发改委、市公安局负责提供相关信用、违法记录信息;市卫健委加强对志愿服务中涉及老年疾病防治、老年人医疗照护、老年人心理健康与关怀等老年健康服务的业务指导;市人社局加强对志愿者培训的指导;市财政局负责提供时间银行经费保障;市委宣传部(文明办)负责对时间银行进行宣传,并纳入全市统一的志愿服务奖励体系;市司法局加强对时间银行发展过程中的法律指导;市慈善总会负责时间银行基金管理,向社会募集资金;其他部门根据各自职责做好相关工作。

(二)落实经费保障。各级政府及其有关部门应通过购买服务等方式,支持时间银行的运营管理,并依照有关规定向社会公开购买服务的项目目录、服务标准、经费标准等相关情况。管理经费和时间银行专项基金等经费纳入财政预算。

(三)健全保险机制。各区应建立时间银行服务志愿者和服务对象保险补贴制度,降低服务风险。

(四)加强监督管理。对志愿者提供的服务可采取服务对象评价、电话回访、抽查抽检等方式加强事中事后监管,对时间银行工作人员及志愿者在服务中的弄虚作假、徇私舞弊行为,按照相关规定处理。

(五)强化宣传引导。大力弘扬志愿者精神,营造养老、敬老、爱老、助老的浓厚社会氛围,切实把养老服务惠民好事办实办好。对时间银行发展中做出突出贡献的志愿者、志愿服务组织,市相关部门、各区政府要按照有关规定予以表彰、奖励,在全市营造良好的志愿服务氛围。

本方案自印发之日起施行,如国家或省出台相关文件,按上级文件要求执行。

梁溪区政府办公室关于印发梁溪区推进志愿服务时间银行的工作方案(试行)的通知

梁政办发〔2022〕14号

各街道办事处、区政府各部门、区各直属单位：

《梁溪区关于推进志愿服务时间银行的工作方案(试行)》已经区政府同意，现印发给你们，请认真组织实施。

无锡市梁溪区人民政府办公室
2022年5月7日

梁溪区关于推进志愿服务时间银行的工作方案(试行)

梁溪区志愿服务时间银行项目(以下简称时间银行)是一种互助服务模式，是政府治理、社会调节、居民自治良性互动理念在志愿服务领域的具体应用，政府通过统一项目管理、统一数据平台、统一兑换标准等制度设计，鼓励和支持社会成员为服务对象提供志愿服务，按照一定的规则记录服务提供者的服务时间，存入其时间银行个人账户，以便在有需要的时候兑换相应的服务。

为弘扬梁溪区志愿服务精神，大力推动互助志愿服务发展，全面推行梁溪区"志愿服务时间银行"项目，制定本方案。

一、总体目标

(一) 指导思想

深入贯彻党中央、国务院关于建设时间银行的部署和《志愿服务条例》有关精神，全面落实《江苏省志愿服务条例》《省政府关于印发江苏省国民经济和社会发展第十四个五年规划和二〇三五年远景目标纲要的通知》(苏政发〔2021〕18号)关于发展推行志愿服务时间银行的总体要求，结合梁溪区域资源禀赋特点和实际需要，坚持以人民为中心的发展思想，践行社会主义核心价值观,扩大志愿服务社会参与,保护志愿者合法权益,拓伸服务抓手,补足志愿服务的"最后一米",树立梁溪区区域志愿服务品牌。

(二) 发展目标

梁溪区时间银行坚持"时间传承服务、培育全民志愿"的发展目标,重点围绕时间银行管理体系、服务主体与服务内容、需求发布与服务对象、时间储蓄、转移和兑换机制、服务评价激励监督机制等方面,制定具有梁溪区特色的、科学的志愿服务时间银行制度规范,搭建时间银行信息管理平台。2022年,建立完善时间银行管理平台,充实区域内志愿者及服务对象信息库,匹配志愿服务精准对接,做好时间银行运营一周年的数据调研和信息汇总;2023年,修订完善时间银行管理细则,建立完善一套可复制可推广的存兑标准,探索跨区域的存储互通互认工作,逐步实现时间银行的通存通兑工作;在2025年前通过全面构建"政府主导、通存通兑、权威统一"的志愿服务时间银行,保障志愿者、志愿服务组织、志愿服务对象的合法权益,鼓励和规范志愿服务,发展志愿服务事业,培育和践行社会主义核心价值观,促进社会文明进步发展。

(三) 基本原则

时间银行遵循"政府主导,统一管理;数据集中,统一平台;通存通兑,统一标准"三个统一的原则,形成以志愿服务为核心、互帮互助、共建共享的时间银行志愿服务体系。

1. 坚持政府主导,统一管理。时间银行坚持"党委领导、政府主导、社会参与、全民行动"的发展方向,优化资源配置,统筹设置志愿服务规模和布局,推动志愿者就近就便提供服务。

2. 坚持数据集中,统一平台。有效的管理服务对象,志愿服务人员,打通志愿服务的壁垒,加强重点人群、重点领域的志愿服务供给。信息平台建立数据开放共享机制,与省、市志愿服务平台数据互通互认。

3. 坚持通存通兑,统一标准。制定实施梁溪区时间银行整体标准方案,明确目标责任,健全工作机制,先试先行,在试点中不断完善标准体系,最终形成一套可复制可推广的梁溪方案,推动跨区域的互通互认。

二、实施要求

（一）服务提供者（志愿者）

志愿者分为个人志愿者和团体志愿者。

个人志愿者的基本条件：有公益服务精神、有从事志愿服务的时间、身体健康、无个人信用不良记录和严重违法记录。提供专业服务的志愿者需持有国家有关部门颁发的执业证书。鼓励和支持未满18周岁的在校学生，在其监护人为申请者的带领下参与时间银行志愿服务。团体志愿者的基本条件：拥有独立法人资质，无不良信用记录的机关、企事业单位和社会组织等。

（二）服务对象

服务对象包括以下三类，后期根据试点情况逐步向全年龄段拓展：

1. 一老：先期主要为常住梁溪区75周岁以上的空巢独居老年人等。部分有特殊困难的独居老年人可放宽至65周岁。

2. 一小：先期主要为梁溪区区内困境儿童。

3. 特殊对象：先期主要为梁溪区特困供养人员、医疗救助困难对象、低保内困难残疾人等特殊对象，具体由时间银行工作小组归口管理和统计发布。

4. 以上在时间银行个人账户存有时间的老年人、困境儿童、特殊对象及兑换时间后的志愿者等。

（三）服务内容

时间银行服务项目以非专业性且风险相对可控的服务内容（不含政府购买服务内容）为主。服务项目为空巢独居等老年人提供基础性的志愿服务及其他精神文化类服务等；为困境儿童提供"心理疏导、亲情关爱、权益维护、文娱教学"服务等；为特殊对象提供各类相关服务等。具体内容包括但不限于陪同就医、情感慰藉、出行陪伴、陪读和陪伴、文体娱乐、法律援助、培训讲座等。提供法律援助、心理咨询等专业服务的，需提供相关资质证明。可结合实际，明确具体服务内容，视试点情况逐步拓展服务项目。

（四）服务场所

主要在老年人、儿童的居所；养老托育服务设施和机构，以及医疗卫生、文化教育、公共服务等其他相关场所开展。

(五)服务时间

在时间银行个人账户以时间的形式记录存储,时间可用来兑换服务、转赠或捐赠他人,不兑换实物或现金。团体志愿者服务所产生的时间可用于捐赠或协助发布团体性服务内容,给予社会褒奖。团体捐赠时间优先考虑为符合高龄空巢独居老人、特殊困境儿童服务。服务时长达到要求的,可按同等比例获得志愿奖励分,志愿奖励分可在公益资源库内兑换文创、景点门票等增值项目,不消耗个人账户时间。时间银行的存储时限试行阶段为五年,志愿者在五年内退出时间银行且将时间捐赠给总池,可按照捐赠时长获得两倍志愿奖励分。志愿者时间的存储时限根据试行情况逐步拓展直至终身。

三、重点任务

(一)搭建运行机制

积极探索完善时间银行服务运行机制,加强规范管理,提高政策的严谨性、可操作性。

1.构建三级时间银行管理体系。构建区—街道—社区三级时间银行管理体系,在区政府领导下,依托统一的时间银行平台,形成三级服务网络。区级建立时间银行管理中心,主要职能为:管理全区时间银行运行系统;组织实施时间银行标准化、信息化、法制化建设,开展相关培训;评估、监管时间银行运行绩效。街道建立时间银行支行,主要职能为:对辖区内的服务对象进行评估、筛选;向辖区居民宣传时间银行工作;指导组织开展志愿者和服务对象的注册、服务存储、兑换等工作;社区建立时间银行网点,主要职能为:实施本辖区时间银行工作,协助服务对象注册、发布服务需求;指导市民注册时间银行志愿者;做好时间银行异常订单的处理及日常订单的跟踪反馈工作。

2.开设时间银行网点。街道、社区负责建立和管理时间银行网点,可采取购买服务的方式委托社会组织开设时间银行网点,各街道财政应当根据服务绩效给予服务点补贴。各街道设立的时间银行,名称为"梁溪区＊＊街道时间银行网点";各街道可根据实际情况,因地制宜在社区、养老托育服务设施或其他公共服务场所设立服务网点,名称为"＊＊街道＊＊社区时间银行网点"。各级时间银行网点的申请、开通和退出等相关事务由上级时间银行组织具体负责。

3. 建立时间银行基金。区设立时间银行专项基金,主要用于:化解时间银行运行风险;为免费发放时间的老人和儿童发放服务时间。区时间银行应控制时间存储总规模,渠道整合服务资源,建立时间银行激励机制,鼓励志愿者捐赠存储时间,保持时间存入和取出实现动态平衡,防范时间银行运行风险。

(二) 制定政策运营体系

区民政局牵头制定全区统一的时间银行运行系列标准或规范,确保时间银行发展有规可依。包含时间银行建设和运营标准、时间银行志愿者管理标准、时间银行服务对象管理标准、时间银行服务流程和服务标准、时间银行服务突发事件应急处置办法、时间银行奖惩办法。

(三) 建立信息管理系统

全区建立统一的时间银行信息管理平台,实现志愿者和服务对象的注册、需求发布、服务过程、时间存入以及转移、服务评价等项目的科学、严密、便捷管理。加快推动数据共享、信息互通、服务相容。时间银行信息管理平台应加强与全国和省、市志愿服务信息系统数据对接,实现信息共享。平台注册志愿者和服务对象时应对其身份特征、社保、信用等信息进行比对,确保服务在安全、守信的环境下进行,形成全区统一的数据库,确保规范精准。对于在使用智能手机方面存在困难的用户,可委托亲属或时间银行线下工作人员协助做好注册、需求发布、服务确认等事项。

四、职责分工

区委宣传部(区文明办):将时间银行作为体现志愿精神的重要内容,通过发布公益广告,加大宣传力度,并将其纳入全区统一的志愿服务奖励体系。

区民政局:负责牵头制定梁溪区志愿服务时间银行运行标准,统一搭建时间银行信息管理平台,指导各街道开展人员注册、服务供给、服务时间储蓄与兑换等工作,对时间银行运行情况进行评估与监管。鼓励和规范志愿服务,充实区域内志愿者和服务对象信息库,整合志愿服务组织资源,使其通过时间银行信息管理平台开展信息发布。推动资源匹配,实现供需对接,探索跨区域的时间银行存储互通互认工作。采取政府购买服务的方式,委托专业第三方机构统筹负责养老服务时间银行的组织发动、运行管理、监督评价及时间币的审核认定等工作。

区发展改革委、区公安分局:配合志愿者信息审核机制,提供相关信用、违法记录信息。

区教育局:探索建立健全学生志愿服务管理办法,研究制定学生志愿服务政策并督促落实,加强学生志愿服务工作与时间银行工作的衔接,协助对接学生志愿团体工作,整合接入志愿服务力量。

区财政局:提供时间银行经费保障。

区商务局:协调引导餐饮店、商场、超市、理发店、洗衣店等市民高频生活服务场所加入时间银行,为老人和儿童提供公益便民志愿服务,引导加入梁溪区"时间银行公益资源库",向志愿者提供免费或优惠服务对接。

区文体旅游局:探索区域内文博场馆、旅游景点、公共图书馆等政府公共服务资源,为优秀志愿者和服务对象提供优待,提供免费或优惠文旅服务。

区卫生健康委:加强对志愿服务中涉及老年疾病防治、老年人医疗照护、老年人心理健康与关怀等老年健康的业务指导。

区总工会、团区委:积极向条线志愿者宣讲时间银行并引导注册,教育、引导成员积极参与志愿服务活动,发挥模范带头作用。

街道和社区:鼓励动员社区党员、身体健康的离退休人员、有一技之长的居民,积极参加社区志愿服务活动。

其他部门根据各自职责做好相关工作。区慈善总会负责时间银行基金管理,向社会募集资金。

五、实施步骤

(一) 制订方案(2022年2月)

通过外出调研、专家论证等方式,拟定我区时间银行实施方案。

（二）开发系统（2022年3月）

根据实施方案及相关标准规范，开发时间银行信息管理系统。

（三）试点推行（2022年4月至9月）

确定区域内试点街道、社区，开展区域内时间银行试点工作。

（四）全区推行（2022年12月）

全区全面推广时间银行服务，实现全区通存通兑。

六、保障措施

（一）强化组织领导。区政府成立时间银行工作小组，定期召开联席会议。办公室设在区民政局，牵头时间银行总体运行。各成员单位在区政府的统一领导下，各司其职，协同推进时间银行建设。

（二）发动社会各方参与。支持社会工作者、法律工作者、心理咨询工作者等专业人员，针对空巢独居老年人和困境儿童不同特点，提供心理疏导、亲情关爱、权益维护等服务。积极倡导企业履行社会责任，通过一对一帮扶、慈善捐赠、实施公益项目等多种方式，支持时间银行工作开展。

（三）加强运行保障。各街道应为志愿服务开展提供必要的场地、设施等条件支持；志愿服务组织应为志愿者们提供安全卫生的服务环境；区民政局应建立并完善服务志愿者和服务对象的保险补贴制度，健全保险机制，降低服务风险。

（四）落实经费保障。各街道及其有关部门应通过购买服务等方式，支持时间银行的运营管理，并依照有关规定向社会公开购买服务的项目目录、服务标准、经费标准等相关情况。管理经费和时间银行专项基金等经费纳入财政预算。各街道可通过社会捐赠、募集等方式，多渠道筹集时间银行活动资金或探索设立时间银行公益项目。

（五）强化监督管理。对志愿者提供的服务可采取服务对象评价、电话回访、抽查抽检等方式加强事中事后监管，对时间银行工作人员和志愿者在服务中的弄虚作假、徇私舞弊行为，按照相关规定处理。

（六）加强宣传引导。大力弘扬志愿者精神，营造互帮互助的浓厚社会氛围,逐步建立并完善志愿者激励机制,制定优秀志愿者评定办法,整合公共服务资源和社会资源,不断丰富志愿者激励方式,切实把养老服务、儿童服务的惠民好事办实办好。各街道、社区要明确一名宣传信息员,定期上报基层动态信息。相关单位要加强宣传引导,及时总结经验做法、宣传优秀典型案例,共同营造互助互爱、敬老助老的社会氛围。

后　记

　　中国是一个人口大国，同时也是一个老年人口大国。特别是随着老龄化趋势的愈发严峻，养老服务需求的快速提升，社会与家庭结构的急剧变化，如何探寻一条适合于中国实际的养老之道，成为当前我国的一项重大民生议题。人口老龄化与养老保障一直是我与史秀莲会长的事业重心，我主要从事理论与制度的研究，史秀莲会长则侧重于实务与实践的探索。2022年2月的一次机缘巧合，我们围绕互助养老进行了一个下午的交流，不约而同地将焦点都瞄准到了城市互助养老，达成了很多共识。经过这次酣畅淋漓的探讨，我们趁热打铁组建了一支业务精良的课题组，主要围绕着我国城市互助养老的制度现状与主流模式展开了为期半年的调查研究。调查结束之后，又历经近一年的时间进行了本书的撰写与修改，于2023年8月底完成了全部创作。整个研究过程可以说是一鼓作气、一气呵成。现在回想起来，许多讨论的瞬间、调研的情景、分享的喜悦还历历在目、记忆犹新。

　　互助养老的观念与实践在我国拥有悠久的历史。从先秦时期诸子百家互惠互利、守望相助思想，到隋唐五代的恤老和给侍制度，再到宋元时期义庄赡族、明清时期的民间慈善，互助养老几乎贯穿于历史之中。新中国成立以来，我国很好地继承与发扬了互助养老的传统。尤其是近年来在《关于加快发展养老服务业的若干意见》（国发〔2013〕35号）、《关于推进养老服务发展的意见》（国办发〔2019〕5号）等一系列政策文件的推动下，以南京、青岛、无锡、西安为代表，各地纷纷创新实践，逐渐形成了"志愿互助""时间银行""互助积分"为主流的新型城市互助养老模式,每种模式也都得到了长足发展,形成了各具特色的运行与发展模式,为转变供给理念,聚合社会资源,化解城市地区的老龄化之困,提供了多味可借鉴甚至是可复制的"良药"。我想这也是本书最主要的研究成果。

付梓之时,心怀感恩。本书的成型凝聚了众多学术界和实务界前辈、同仁的智慧与努力。我们要感谢南京大学林闽钢教授、河海大学施国庆教授、韩振燕教授、复旦大学吴玉韶教授、北京师范大学朱耀垠教授、南京信息工程大学曹信邦教授等师长的点拨与解惑,为我们传授了最新的学术思想,拔高了本书的整体立意。我们要感谢南京市民政局、青岛市民政局、无锡市梁溪区民政局、南京养老志愿服务联合会、西安市如亲智慧养老发展中心、青岛市南承阳社会服务中心、无锡市梁溪区溪心时伴志愿服务中心(曾用名"无锡市梁溪区志愿服务时间银行管理中心")等单位,以及青岛市南区民政局刘九红局长、陕西巾帼依诺家政服务有限公司李小芹董事长、江苏悦华养老产业有限公司黄桂华董事长等业界先进,为调研的开展与内容的优化给予的指导与支持。与此同时,我们还要特别感谢原卫生部部长高强同志、全国老龄办党组成员、中国老龄协会王绍忠副会长、中国老年学和老年医学学会高国兰副会长、中国老龄事业发展基金会于建伟理事长、南京市人大监察司法委主任委员蒋蕴翔同志等领导给予本书的推荐与鼓励。

当然,本书的调查与研究也得到了云南大学李静教授、河海大学陈际华教授、郭剑平副教授、南京航空航天大学康镇博士、南京财经大学李晓鹤博士等好友的倾力相助。程艳阳、刘梦娇、方文岚、宋任翔、李巧巧、蔡沁珊、梁珮雯、申梦昊、苏欢等研究生对资料的搜集与整理也付出了诸多辛劳。此外,本书的出版还要特别感谢人民出版社编辑王若曦女士的认真审校,她的敬业与耐心令人钦佩。

本书虽然是近年来我们对互助养老研究的一次阶段性总结,但是它更是下一段研究的开始。互助养老在实践与发展过程中还存在许多难点与困

后　记

境,亟须学术界给予更多的关注与探究。希望有识之士同心协力,为我国互助养老制度的优化,社会养老服务体系的建设提供更多的智力资源与解决方案。

梁　誉

2024年1月1日

责任编辑：王若曦
封面设计：石笑梦

图书在版编目(CIP)数据

我国城市互助养老实践的案例研究/梁誉,史秀莲 著.—北京:人民出版社,2024.6
ISBN 978-7-01-026443-1

Ⅰ.①我… Ⅱ.①梁…②史… Ⅲ.①养老-服务模式-案例-中国 Ⅳ.①D669.6

中国国家版本馆 CIP 数据核字(2024)第 060405 号

我国城市互助养老实践的案例研究
WOGUO CHENGSHI HUZHU YANGLAO SHIJIAN DE ANLI YANJIU

梁誉 史秀莲 著

人民出版社 出版发行
(100706 北京市东城区隆福寺街99号)

北京汇林印务有限公司印刷 新华书店经销

2024年6月第1版 2024年6月北京第1次印刷
开本:710毫米×1000毫米 1/16 印张:13.5
字数:195千字

ISBN 978-7-01-026443-1 定价:68.00元

邮购地址 100706 北京市东城区隆福寺街99号
人民东方图书销售中心 电话 (010)65250042 65289539

版权所有·侵权必究
凡购买本社图书,如有印制质量问题,我社负责调换。
服务电话:(010)65250042